Gabriel COMPAYRÉ

LES GRANDS ÉDUCATEURS

J.-J. Rousseau

et

L'Éducation de la Nature

J.-J. Rousseau

et

l'Éducation de la Nature

LES GRANDS ÉDUCATEURS

Pour paraître prochainement :

Herbert Spencer, *et l'Éducation utilitaire*, par GABRIEL COMPAYRÉ, Recteur de l'Académie de Lyon. 1 vol. in-18 raisin, broché.. » 90

En préparation :

MONTAIGNE. — FÉNELON. — COMÉNIUS. — LOCKE. — DÉMIA et LA SALLE. — PORT-ROYAL. — PESTALOZZI. — FRŒBEL. — HORACE MANN. — MATHEW ARNOLD. — HERBART. — JEAN MACÉ. — FÉLIX PÉCAUT. — ROSMINI. — SARMIENTO. — TOLSTOÏ, etc.

958-01. — CORBEIL. Imprimerie Ed. CRÉTÉ.

LES GRANDS ÉDUCATEURS

J.-J. Rousseau

et

l'Éducation de la Nature

PAR

GABRIEL COMPAYRÉ

RECTEUR DE L'ACADÉMIE DE LYON

PARIS

LIBRAIRIE PAUL DELAPLANE

48, RUE MONSIEUR-LE-PRINCE, 48

AVANT-PROPOS

En publiant cette série de monographies consacrées aux « Grands éducateurs » de tous les temps et de toutes les nations, le but que nous poursuivons est multiple.

Il s'agit d'abord de faire revivre, dans leur physionomie morale, dans leur pensée et dans leur action, dans leurs théories comme dans leurs méthodes, tous ceux qui, avec quelque éclat, ont contribué à réformer, à faire avancer l'instruction et l'éducation de l'humanité, et qui méritent de prendre place dans le livre d'or de l'histoire de la pédagogie.

Mais, après avoir mis en relief chacune de ces figures héroïques, il s'agit aussi de rattacher à leur individualité propre les tendances générales de l'époque où ont vécu ces réformateurs, les institutions scolaires de leur pays et comme le génie de leur race, afin de montrer, dans une suite de tableaux, les efforts et les progrès des peuples civilisés.

Enfin, ce n'est pas seulement l'histoire que nous voudrions raconter. Notre ambition est plus haute : elle consisterait à confronter avec les pensées d'autrefois les opinions d'aujourd'hui, les besoins et les aspirations de la société moderne, et à préparer ainsi la solution des problèmes pédagogiques qui se posent devant le vingtième siècle.

Si nous avons choisi J.-J. Rousseau pour ouvrir cette galerie de portraits, ce n'est pas qu'il soit un guide sûr, un maître impeccable, il s'en faut. Mais il a été, en matière d'éducation, un grand excitateur d'idées, l'initiateur du mouvement moderne, le « leader » de la plupart des éducateurs qui sont venus après lui. Pestalozzi, Herbert Spencer, pour ne citer que ceux-là, sont bien authentiquement ses disciples. Il a secoué la routine et les traditions; il a rompu bruyamment avec le passé; et, s'il n'a pas toujours semé le bon grain dans le champ de l'éducation, il l'a du moins défriché, débarrassé des mauvaises herbes qui l'encombraient, laissant à ses successeurs le soin de le cultiver, de le féconder par de meilleurs procédés de culture. On ne fait que lui rendre justice et le mettre à son rang, quand on le met au premier...

Nous dédions cette étude, et celles qui suivront, à tous ceux qu'intéressent les choses de l'éducation, et qui pensent, comme nous, que la question de l'éducation est la question vitale, celle dont dépend l'avenir des peuples, qu'aucune réforme sociale n'est possible en dehors d'elle, qu'enfin le progrès de l'éducation est la question de vie ou de mort pour les sociétés comme pour les individus.

J.-J. ROUSSEAU

I

Tout a été dit sur J.-J. Rousseau, et même redit, depuis deux siècles que ses ouvrages sont lus et relus, et perpétuellement commentés. Il ne faut donc guère prétendre à la nouveauté, en une matière aussi profondément fouillée. Mais il y a toujours intérêt à revenir sur les idées d'un penseur indépendant et hardi, qui a semé à pleines mains dans ses écrits les paradoxes et les vérités, qui a exercé sur les esprits l'influence la plus extraordinaire, une sorte de fascination ; et dont M. Melchior de Vogüé pouvait dire récemment que, par le prestige dominateur de sa pensée, « il s'était emparé de tout notre avenir politique et social ». Les idées de Rousseau sur l'éducation, les seules dont nous voulions nous occuper ici, étaient si nouvelles en 1762, date de la publication de l'*Émile*, qu'elles le peuvent paraître encore aujourd'hui ; et telle brochure, tel livre sur l'éducation, qui, en 1899 ou 1900, ont valu à leurs auteurs la réputation de novateurs audacieux, ne sont pourtant que la

réédition de quelques-unes des théories chères à
Rousseau. N'est-il pas vrai, d'ailleurs, qu'à la lumière du progrès qui marche, et devant les hori-
zons agrandis que découvre la suite des temps, un
sujet, en apparence épuisé, peut rajeunir et se montrer sous un jour nouveau?

L'*Émile* est un livre touffu et mêlé, plein de
choses, qu'on ne saurait pénétrer du premier coup,
tant le vrai y est confondu avec le faux, et les fictions,
les rêveries hasardeuses, avec les observations
pénétrantes et justes et la force du raisonnement.
Ce n'est pas une de ces œuvres simples et claires
qui révèlent tout de suite leur secret : c'est une
composition compliquée, moitié roman, moitié
traité philosophique, qui, — à supposer que Rousseau n'eût pas écrit *la Nouvelle Héloïse*, — suffi-
rait à justifier le titre d'une étude récente de
M. Faguet : *J.-J. Rousseau, romancier français;*
de même qu'il lui a mérité d'être appelé, — comme
il l'était l'an dernier par un écrivain américain,
M. Davidson, — « un psychologue de premier
ordre ». Les thèses que Rousseau y expose, avec
toute la fougue de son imagination passionnée,
avec toutes les séductions d'une plume enchantée,
déconcertent d'abord le lecteur : elles subjuguent
certains esprits, elles mettent en défiance les
autres. Il est besoin de s'y reprendre à plusieurs
fois, pour se reconnaître dans cette mêlée c...fuse
de considérations philosophiques et de fantaisies
sentimentales. Ne lui arrivait-il pas de s'y perdre
lui-même, lorsque, par exemple, après nous avoir
présenté Émile comme un orphelin, il imagine,
pour le décider à apprendre à lire, de lui faire

recevoir des lettres de son père et de sa mère?

Mais si, au premier moment, on est tenté de se récrier contre les audaces et les étourderies d'un esprit aventureux et qui manque d'équilibre, on s'aperçoit, à la réflexion, que la plupart de ses paradoxes cachent un fonds de vérité, — je ne dis pas un lieu commun; non, mais une conception originale, une pensée d'avenir, dont l'expérience vérifiera peu à peu la justesse. Souvent, c'est à lui-même qu'il faudra demander une réponse décisive aux chimères dont il paraissait le plus engoué. Ailleurs, pour se trouver d'accord avec lui, il n'y aura qu'à écarter les artifices de composition dont il lui a plu d'envelopper ses idées. Enfin, l'*Émile* est un livre de combat « plein d'éclairs et de fumée »; et de même que sur un champ de bataille, on doit attendre que la fumée de la canonnade se soit dissipée, avant de reconnaître les positions conquises, de même, dans les déclamations enflammées de Rousseau, il faut laisser s'éteindre le bruit des phrases sonores et disparaître le tourbillon des images, des apostrophes et des prosopopées, pour saisir et distinguer les résultats de sa rapide et brillante marche en avant sur le terrain de l'éducation nouvelle. Assurément, certaines parties de l'*Émile* ont vieilli, mais d'autres auront attendu cent ans et plus, pour être réellement comprises et apparaître dans toute leur force.

C'est dire dans quel esprit est conçue cette étude : moins pour critiquer Rousseau, que pour mettre en lumière les trésors de vérités durables qu'il a comme enfouis dans un livre qu'il représentait avec raison comme « le plus utile, le plus considérable »

1.

de ses écrits. Le prendre en flagrant délit d'utopie, c'est chose aisée : nous insisterons le moins possible sur cette tâche banale de réfutation. Sans rien dissimuler des sophismes de l'*Émile*, nous nous demanderons surtout en quoi Rousseau peut encore nous servir de guide. La vraie critique est celle qui fait valoir le bien et n'insiste sur le mal que pour l'expliquer. Rousseau a parlé pour la postérité et pour l'avenir, plus encore que pour ses contemporains et pour son temps. Dans les recoins oubliés de l'*Émile*, il y a plus d'une réflexion qui, passée inaperçue jusqu'ici, se trouve être féconde en enseignements pour les hommes de notre époque et directement appropriée aux besoins présents : tant était grande la perspicacité d'un philosophe, d'un « trouveur de sources », qui, trente ans à l'avance, avait prédit la Révolution française, en même temps qu'il la préparait. Mais ce qui importe plus encore qu'une multitude de vérités de détail, c'est l'esprit général qui anime l'ensemble de l'œuvre. L'*Émile* est digne de rester l'éternel objet des méditations de l'éducateur, ne serait-ce que parce qu'il est un acte de foi et d'espérance en l'humanité.

II

Rousseau est réellement un initiateur ; plus que cela, un révolutionnaire. Il a devancé les générations de 1789, même celles de 1793, dont la prétention devait être de reconstituer la société, de régénérer l'espèce humaine, selon le mot expressif de Barère à ses collègues de la Convention : « Vous êtes appelés à recommencer l'histoire. » Dans ces époques de crise et de tourmente, il est naturel que l'attention des penseurs avisés se porte sur les enfants et sur l'éducation : car c'est par l'éducation seulement que l'on peut compter diriger des âmes neuves dans les voies d'une vie, régénérée. Telle fut l'ambition de Rousseau. Il a été le réformateur, le rêveur, si l'on veut, qui, dans sa protestation ardente contre des réalités qu'il condamne, aspire, en toutes choses, à une rénovation radicale des institutions humaines. De cet appel à l'idéal, — sans parler des essais où, à ses débuts, il avait déjà exercé sa verve critique, — est sortie la belle trilogie de ses œuvres maîtresses, publiées coup sur coup en trois ans, *la Nouvelle Héloïse*, en 1759, le *Contrat social* et l'*Émile* en une seule année, 1762 : trois chefs-d'œuvre, qui, malgré la diversité des formes et des sujets, procèdent d'une inspiration commune, puisqu'ils tendent également à réformer la société, le premier dans ses mœurs domestiques, le second dans sa constitution politique, l'*Émile* enfin, dans les lois de l'éducation de l'enfant et du jeune homme.

Quelque puissante que soit l'originalité inventive de Rousseau, nous sommes loin de prétendre que son système d'éducation, qu'il avait médité pendant huit ans, soit un coup de génie, une révélation miraculeuse, que rien n'aurait préparée et annoncée dans le passé. Rousseau a eu des précurseurs, des inspirateurs. Un bénédictin, qui aurait pu mieux employer son temps, Dom Cajot, a écrit un gros volume sur *les Plagiats de Rousseau* : plagiats, non, mais il y a eu certainement imitation et emprunts. On ne diminue point la gloire des génies même les plus originaux, en constatant que quelques-unes de leurs conceptions les plus fameuses ont été entrevues, esquissées, avant que, par l'intensité de leur réflexion personnelle, ils aient réussi, pour ainsi dire, à donner un corps à de vagues ombres intellectuelles. Rousseau était imprégné de Montaigne qu'il cite sans cesse. Il avait lu et « dévoré » les livres de Port-Royal. Fénelon, et aussi « le sage Locke », le « bon Rollin », le « savant Fleury », lui ont dicté quelques-uns de ses meilleurs préceptes. Locke, esprit pratique et de bon sens un peu terre à terre, n'a point sans doute de grandes ressemblances avec Rousseau : il l'a pourtant inspiré dans sa campagne contre l'éducation molle et efféminée, et aussi contre l'instruction « livresque ». Il ne semble pas que Rousseau ait beaucoup connu Rabelais, et cependant il y a de sensibles similitudes entre l'éducation d'Émile et celle qu'Épistémon institue au profit du

jeune Gargantua, cet autre être fictif, cet autre élève
de la nature. De l'abbé de Saint-Pierre, si fécond
en projets, Rousseau n'avait pas seulement étudié
le Projet de paix perpétuelle, qu'il a commenté ;
il le continue dans ses tendances utilitaires et
son goût pour l'éducation morale. Il faudrait citer
d'autres noms encore... Mais l'auteur de l'*Émile*
transfigure tout ce qu'il touche et transforme tout
ce qu'il emprunte. Dans son imagination féconde,
les idées prêtées par autrui se renouvellent et se
colorent : de timides, elles deviennent impérieuses,
de vagues, très saillantes ; semblables à de frêles
arbustes qui, transplantés dans un terrain riche et
fertile, y grandissent en arbres vigoureux.

De tous ceux qui ont précédé Rousseau, c'est
Turgot qui, peut-être, a le plus nettement frayé les
voies nouvelles. Il ne semble pas, d'ailleurs, que
l'auteur de l'*Émile* ait eu connaissance des vues
que Turgot avait exposées dans la longue épître,
un vrai mémoire, qu'il adressa, en 1751, à Mme de
Graffigny, l'auteur alors célèbre des *Lettres
péruviennes*. Mais il n'est point rare que, à une
même époque, sans s'être concertés, les esprits en
mouvement se rencontrent dans les mêmes inspirations. Dix ans avant Rousseau, avec autant de
conviction que lui, Turgot prêche déjà le retour à
la nature. « Notre éducation, disait-il, n'est que
pédanterie : on nous apprend tout au rebours de
la nature. » — « Il faut étudier la nature, la con-
sulter, pour l'aider, et se délivrer de l'inconvénient
de la contredire. » — « On fourre dans la tête des
enfants une foule d'idées abstraites, qu'ils ne
peuvent saisir, alors que la nature les appelle à elle

par tous les objets sensibles... » Il n'y a pas jusqu'à la maxime fondamentale de l'*Émile* sur l'innocence originelle de nos inclinations qui ne soit déjà admise par Turgot : « La nature a mis dans le cœur de l'homme la semence de toutes les vertus : il n'y a qu'à les laisser éclore... »

Sans citer d'autres exemples, il est manifeste qu'autour de Rousseau circulaient, dans l'air ambiant, des germes d'idées qu'il a recueillis pour les développer. Mais il ne l'est pas moins que c'est de lui-même, de son propre fonds si riche, de ses vues *à priori* sur la nature humaine, sinon d'une expérience pratique qui lui faisait défaut, qu'il a tiré la substance de son traité *de l'Éducation.* Rousseau a raisonné, il a imaginé, plus encore qu'il n'a regardé et observé. Ce n'est pas que la nécessité de l'observation lui échappât : il en avait le sentiment très net, et il se rendait bien compte de tout ce qui lui manquait pour traiter avec une entière compétence le grand sujet qu'il abordait. La preuve, c'est ce qu'il écrivait à une de ses protectrices, Mme de Créquy, le 15 janvier 1759, alors qu'ayant achevé *la Nouvelle Héloïse* il s'était mis tout de bon à la composition de l'*Émile* : « A propos d'éducation, j'aurais quelques idées sur ce sujet que je serais bien tenté de jeter sur le papier, si j'avais un peu d'aide : mais il faudrait avoir là-dessus des observations qui me manquent. Vous êtes mère, Madame, et philosophe, quoique dévote : vous avez élevé votre fils. Si vous vouliez, à vos moments perdus, noter quelques réflexions sur cette matière et me les communiquer, vous seriez bien payée de votre peine, si elles m'aidaient à faire un ouvrage utile... » Le père dénaturé qui, lui, n'avait pas élevé ses propres fils, en était réduit à mendier l'expérience des autres...

Rousseau n'ignorait donc pas que, pour établir les règles de la conduite des enfants, il est nécessaire d'avoir étudié l'enfance. S'il est exact de dire qu'il a doté la France d'une littérature nouvelle, qu'il a été un des ancêtres du romantisme, il l'est aussi d'affirmer qu'il a inauguré à sa manière les études si importantes qui sont devenues à la mode, depuis quelques années, sous le nom de « psychologie de l'enfant ». Il serait aisé de constituer un chapitre assez fourni de cette psychologie nouvelle, en recueillant, éparses dans les longues pages de l'*Émile*, quantité d'observations justes et fines sur le caractère et les goûts du premier âge. « Les enfants ne songent jamais qu'au présent... Je ne connais rien dont, avec un peu d'adresse, on ne puisse leur inspirer le goût, même la fureur, sans vanité, sans jalousie ; leur vivacité, leur esprit imitateur suffisent, surtout leur gaîté naturelle... Il est de tout âge, surtout de l'âge de l'enfant, de vouloir créer, imiter, produire, donner des signes de puissance et d'activité... »

On pourrait longuement multiplier ces citations, et montrer combien Rousseau prenait plaisir à étudier les enfants — pourquoi faut-il, hélas ! ajouter les enfants des autres ? C'est pitié de le voir, dans sa triste maison, vide par sa faute, se mettre à la fenêtre pour épier la sortie de l'école et surprendre furtivement les conversations, les jeux, les gamineries des petits écoliers... « Jamais homme, dit-il dans l'avant-dernière des *Rêveries d'un prome-*

neur solitaire, n'a aimé plus que moi à voir des bambins folâtrer et jouer ensemble ! » Et il ajoute : « Si j'ai fait quelque progrès dans la connaissance du cœur humain, c'est le plaisir que j'avais à voir et à observer les enfants qui m'a valu cette connaissance. »

Mais combien eût été plus exacte la psychologie de Rousseau si, au lieu de cette fréquentation passagère avec quelques « polissons » des rues, qu'il suivait un moment dans leurs ébats, il avait pu pratiquer l'observation attentive d'un père qui, jour par jour, voit naître et croître l'âme de son fils !... Chose à noter, d'ailleurs, c'est parce que Rousseau avait criminellement abandonné ses cinq enfants que 'o souci de l'éducation lui est venu, comme s'il s'était senti obligé à réparer en partie la plus grave de toutes ses défaillances morales : « Les idées dont ma faute a rempli mon esprit ont contribué à me faire méditer le thème de l'éducation... »

Ce dont Rousseau était encore dépourvu, c'est l'expérience professionnelle de l'enseignement. Je sais bien qu'à la longue liste des métiers qu'il a faits, dans le cours de sa jeunesse vagabonde et de sa vie de bohème, alors qu'il a été tour à tour apprenti graveur, clerc de greffier, valet, laquais, écuyer, commis, secrétaire, copiste de musique, — Grimm, qui ne l'aimait pas, lui conseilla un jour de se faire limonadier, — il faut ajouter encore le métier de précepteur : mais il l'a été si peu et si mal !... En 1739, — il avait vingt-sept ans, — Bonnot de Mably, grand prévôt à Lyon, lui confia l'éducation de ses deux fils. Il s'appliqua d'abord à cette tâche, croyant en avoir le talent. Mais il fut vite désabusé : « Je ne fis rien qui vaille. » Il ne savait employer que trois moyens de discipline, « toujours inutiles et pernicieux avec les enfants » : le sentiment, le raisonnement et la colère. Le sentiment, il n'y renoncera jamais, car, pour reprendre Émile d'une faute, le précepteur n'interviendra qu'en disant : « Mon ami, vous m'avez fait de la peine !... » Mais le raisonnement, il l'exclura impitoyablement de l'instruction du premier âge, désormais convaincu, contrairement à la doctrine de Locke, qu'il ne convient pas de raisonner, de parler raison de trop bonne heure avec les enfants, « qui, pour être raisonneurs, ne sont pourtant pas raisonnables ». Vite dégoûté d'une profession à laquelle il n'était point propre, Rousseau s'en dégagea au bout d'un an, non sans avoir rédigé pour M. de Sainte-Marie, un de ses deux élèves, un projet d'éducation où rien n'annonce, ni pour la pensée, ni pour le style, le brillant et profond auteur de l'*Émile*.

Si Rousseau n'a été ni un observateur assidu de l'enfant, ni un professeur, — ni même un élève, puisqu'il n'a jamais fait d'études suivies, puisqu'il n'a été étudiant que de ce qu'on a appelé « l'Université des Charmettes », en revanche il a beaucoup senti, beaucoup vécu ; et pour former un puissant esprit, un cours régulier d'études au Collège du Plessis aurait été assurément moins avantageux, et moins efficace, que cette existence agitée qui a conduit Rousseau dans tous les mondes, dans les salons aussi bien que dans les antichambres, qui a fait de lui successivement l'ami des philosophes et le commensal des grands seigneurs, un plébéien frayant avec le peuple, et le favori choyé des grandes dames, des comtesses, des duchesses et des maréchales.

On ne saurait contester que Rousseau ait mis beaucoup de lui-même, qu'il ait fait passer beaucoup de ressouvenirs de sa vie, de reflets de son âme, dans la conception de l'élève modèle qu'il façonne pour l'humanité. Montaigne disait : « Je suis l'étoffe de mon livre. » En est-il de même de Rousseau ? Pourrait-il dire lui aussi, comme le suggère Amiel : « Mon système et moi, ne faisons qu'un ? » A-t-il conçu Émile à son image et à sa ressemblance ? Amiel prétend que, dans ses théories les plus magnifiques, il ne tisse jamais que de sa propre substance, qu'il est un « subjectif » au premier chef... Nous n'y contredisons pas et nous savons bien qu'en règle générale, c'est une tendance naturelle chez les éducateurs de se projeter, pour ainsi dire, dans les plans qu'ils proposent à l'imitation d'autrui. Lorsque Rousseau, par exemple, supprime dans l'instruction tout enseignement didactique, que fait-il autre chose qu'ériger en règle sa propre expérience ? « Le peu que je sais, je l'ai appris seul. Je n'ai jamais rien pu apprendre avec des maîtres... » Rousseau est un autodidacte : Émile aussi.

Mais, par contre, sur combien d'autres points les imaginations de l'éducation d'Émile ne sont-elles pas en opposition formelle avec les réalités de l'existence de Rousseau ? Que ceux qui sont satisfaits de leur destinée recommandent aux autres ce qui leur a réussi à eux-mêmes, cela va de soi. Mais Rousseau était mécontent de lui-même et de son sort, non moins que de la société. L'éducation qu'il rêve, il semble qu'il l'ait en conséquence conçue dans un effort de réaction contre son propre état, par contraste avec les imprudences dont il avait souffert, avec les erreurs ou les fautes qu'il avait commises. Pauvre âme douloureuse, corps infirme et malade, il se console en évoquant l'image idéale d'un enfant robuste, sain de corps et d'esprit. Il se dédommage de ses misères, de ses imperfections, en créant un être heureux et parfait.

Il dira, par exemple : « Je n'avais encore rien conçu, j'avais tout senti. » N'est-ce point pour échapper aux conséquences de cette excitation précoce, qui l'avait sensibilisé à outrance et démoralisé pour la vie, que, tombant dans l'excès opposé, il ajournera jusqu'à quinze ans l'initiation d'Émile à toute émotion sentimentale ? Il a abusé de la lecture ; avant dix ans, il avait dévoré toute une bibliothèque de romans. Serait-ce pour ce motif que, détestant et anathématisant les livres, il les interdira absolument à Émile ? Je ne connais pas, a dit M. Brunetière, un de nos grands écrivains dont l'enfance et la jeunesse aient à ce point manqué de direction. En effet, il n'a pour ainsi dire pas eu de famille : sa mère mourut en lui donnant le jour ; son père, après l'avoir gâté, le délaissa. Personne ne l'a élevé... Comment ne pas être tenté, après cela, d'imaginer une situation tout inverse, en donnant à Émile un gouverneur qui ne le perdra pas de vue un moment, un Mentor qui l'accompagnera, le protégera dans toutes ses démarches, jusque sur le seuil de la chambre nuptiale? Mal entouré, compromis dans des compagnies humiliantes, Rousseau avait conscience de tout ce qu'il avait perdu de dignité, de noblesse d'âme, dans les souillures de son existence: donc, pour élever un homme dans l'honneur et la vertu, éliminons toutes les circonstances extérieures qui risquent de le salir et de le dégrader. Émile vivra seul, loin des hommes... Rousseau a traîné dans les offices et dans les antichambres; il s'est dissipé dans la vie mondaine; il a fréquenté les salons parisiens et s'est par moments laissé séduire par les artifices de la société; il a noué un tas de frivoles intrigues amoureuses. Foin de tout cela, pour l'homme idéal: la campagne, l'air libre, la simplicité de la vie des champs, un amour pur, unique et profond, rien que la nature... « Adieu, Paris, ville de bruit, de fumée et de boue, où les femmes ne croient plus à l'honneur, ni les hommes à la vertu! Adieu, Paris, nous cherchons l'amour, le bonheur, l'innocence : nous ne serons jamais assez loin de toi!... »

L'*Émile* n'est donc en partie qu'une construction de rêve bâtie tout exprès pour faire antithèse à la vie réelle de Rousseau. Pour excuser, pour expliquer tout au moins, la génération de toutes les folles chimères de l'*Émile*, ne perdons jamais de vue le combat intérieur qui s'est livré dans le cœur de notre héros, entre ce qu'il y avait de noble dans ses aspirations et de bas dans sa vie : la contradiction saisissante du culte qu'il professait pour l'idéal et des réalités mesquines de la condition qu'il subissait, et dont il était en partie responsable. Cet homme, dont Grimm disait qu' « il avait été malheureux presque toujours », meurtri par les aventures les plus étranges, accablé par ses maux physiques et qui se sentait mourant pendant qu'il composait l'*Émile*, troublé, lu, encore par les maux imaginaires que lui forgeait un esprit inquiet, aigri par cette sorte de folie de la persécution qui devait grandir d'année en année et finalement le conduire au suicide, exaspéré contre un état social dont il connaissait d'autant mieux les vices qu'il y avait participé, humilié par le souvenir de ce qu'il appelait ses « friponneries » de jeunesse, honteux plus tard de vivre avec une servante d'auberge dont la vulgarité a dû lui être plus d'une fois douloureusement à charge : il avait besoin de se rejeter dans un monde idéal, et d'y chercher l'oubli passager de ses infirmités morales, une compensation à ses malheurs, comme une revanche aux faiblesses de son caractère, aux tristesses de sa destinée. Si sa vie a été souvent un drame douloureux, certaines parties de l'*Émile* seront des idylles, des pastorales, d'un véritable charme poétique. Il le disait : « L'impossibilité d'atteindre aux êtres réels m'a jeté dans le pays des chimères : je me suis fait des sociétés de créatures parfaites... » Les exagérations, les fantaisies, que nous aurons à souligner dans l'*Émile* ne seront bien souvent que des imaginations voulues, dont l'inventeur n'est point la dupe. Comme il l'écrivait, en 1763, au prince de Wurtemberg, à propos du plan d'éducation qu'il lui avait adressé pour sa fille Sophie, élevée selon les principes de l'*Émile* : « Ce ne sont peut-être que les délires d'un fiévreux... La comparaison de ce qui est à ce qui doit être m'a donné l'esprit romanesque, et m'a toujours jeté loin de tout ce qui se fait. »

Ce que Rousseau aurait voulu être, ce qu'il n'a pas été, Émile le sera, ou du moins Rousseau veut qu'il le soit.

III

« Pardonnez-moi mes paradoxes, lecteurs vulgaires », s'écrie quelque part Rousseau. La meilleure manière de les lui pardonner, c'est d'essayer
d'en dégager l'âme de vérité qu'ils contiennent.
Une fois que nous aurons dépouillé de la forme
violente dont il a plu à ce prestidigitateur de la
pensée de les envelopper les principes essentiels
de son système, il nous restera à recueillir dans
l'*Émile* les règles générales, les vérités particu-
lières, définitives et incontestées, dont l'éducation
moderne ne se dessaisira plus.

« L'homme est né libre, et partout il est dans
les fers », ainsi débute le *Contrat social*.

« L'homme est né bon, et partout il est devenu
méchant », tel est le sens du préambule de l'*Émile*.

Rousseau se plaît à ces affirmations absolues : il
aime les formules impératives et brèves qui com-
mandent l'attention.

Au sophisme de sa politique : « La volonté générale du peuple est toujours droite », correspond cet
autre sophisme de sa psychologie : « La nature est
foncièrement bonne. »

Telle est l'erreur initiale d'où va découler tout
ce qu'il y a de faux dans l'*Émile*. Le plus amer et
le plus incisif des pessimistes, quand il juge la
société réelle, Rousseau est le plus indulgent

des optimistes, quand il envisage, par-dessus les œuvres des hommes, l'œuvre de la Providence, c'est-à-dire la nature.

La nature est bonne et bienfaisante. Les créatures sont pures, tant qu'elles n'ont pas été altérées, corrompues, défigurées, sophistiquées par l'effet d'une prétendue civilisation qui n'est qu'une longue décadence. Sur ce point, Rousseau était d'accord avec nombre de ses contemporains. D'Holbach disait : « L'homme est méchant parce qu'on l'a rendu tel »; et Diderot : « Il existait un homme naturel; on a introduit dans cet homme naturel un homme artificiel. » Rousseau reprend avec insistance la même thèse. « Posons pour maxime incontestable que les premiers mouvements de la nature sont toujours droits, qu'il n'y a point de perversité originelle dans le cœur humain... Tous les caractères sont bons et sains en eux-mêmes... Il n'y a point d'erreur dans la nature... »

Sans doute, on aurait le droit d'arrêter tout de suite Rousseau, et de lui demander compte de cette contradiction flagrante : l'homme est naturellement bon, et la société, œuvre de l'homme, est mauvaise. Mais cette incohérence ne le trouble pas. Fidèle à l'opinion qu'il avait exprimée dans les deux *Discours* qui commencèrent sa réputation, il s'obstine dans son utopie. Il répète sous toutes les formes qu'avec ses coutumes et ses préjugés la société est détestable et pervertie, qu'il faut la réformer de fond en comble. Au régime des traditions séculaires et surannées, substituons, en la ressuscitant, l'autorité de la nature; à l'empire de la dure discipline et des restrictions oppressives qui mutilent et déforment les facultés humaines, faisons succéder le règne de la jeune liberté qui les aidera à s'épanouir.

Par un tel défi jeté à toutes les institutions humaines, Rousseau visait plus haut qu'à une simple réforme pédagogique : il annonçait une révolution sociale. Il est authentiquement le père des révolutionnaires dont il deviendra l'idole : n'oublions pas que Marat, en 1788, lisait le *Contrat social*, aux applaudissements d'un auditoire enthousiaste.

La conséquence du principe posé par Rousseau, c'est, au point de vue de l'éducation, qu'il faut refaire l'homme naturel, l'homme « originel », selon l'expression dont il s'était déjà servi dans son *Discours sur l'inégalité parmi les hommes*, l'homme tel qu'il était dans le plan primitif de la nature et de la Providence, — car dans l'esprit religieux de Rousseau, derrière la nature, il y a la Providence, qui est la clef de voûte de sa doctrine philosophique, — l'homme enfin, tel qu'il serait, s'il n'avait pas été dénaturé par la vie sociale et ses longues adultérations, l'homme de la nature, en un mot, et non « l'homme de l'homme ».

Ne nous attardons pas à démontrer que Rousseau se trompe, qu'il y a dans la nature des germes pour le mal comme pour le bien, et que par suite l'éducation n'est pas seulement une auxiliaire complaisante, qu'elle doit être une force de résistance qui corrige et qui redresse. Considérons plutôt que l'opinion contraire et absolue, elle aussi, celle d'une nature mauvaise dans son essence, originellement viciée et exclusivement prédestinée au mal, avait long-

temps prévalu et régnait encore en souveraine. Et
de cette condamnation radicale prononcée contre
l'humanité dérivait une éducation étroite et rigide,
faite surtout de compression, hérissée de prohibitions et de châtiments, qui n'accordait rien à la
liberté native des enfants. On avait essayé, dans la
discipline, de tous les instruments, hors un, le seul
précisément qui pût réussir, la liberté bien réglée.
Rousseau se lève, et à la conception du vieil Adam
déchu dont il faudrait en chaque homme déra-
ciner l'hérédité fatale, il oppose avec éclat la doctrine contraire d'une humanité instinctivement
portée au bien et, par suite, appelée à se développer
en toute liberté. Le théâtre des opinions humaines,
dans les mouvements contradictoires des idées
qui s'y succèdent, rappelle un peu ces comédies
où, à un interlocuteur qui abonde dans un sens,
réplique, afin de faire mieux ressortir le conflit des
sentiments, un autre personnage qui se jette dans
l'extrême opposé. Ils ont tort l'un et l'autre, mais
du choc des opinions inverses se dégagera la vérité
moyenne. A tous ceux qui depuis deux mille ans
répétaient la complainte de l'humanité dégénérée,
il était bon, au risque qu'il forçât la voix et enflât
sa riposte, qu'un penseur éloquent répondît, pour
témoigner de sa confiance, de sa foi heureuse dans
les forces et les tendances naturelles de l'homme;
et qu'ainsi, trente ans avant que la Révolution
française promulguât la *Déclaration des droits de
l'homme*, un pédagogue annonçât la déclaration
des droits de l'enfant, de ses droits à une éducation
de liberté. ¶ On a tort, dit Rousseau, de parler
toujours aux enfants de leurs devoirs, jamais de

leurs droits. » L'*Émile* a été comme la charte de libération de l'enfance.

Le paradoxe engendre le paradoxe, et du principe erroné qui sert de point de départ à l'*Émile* est issue toute la série des faussetés pédagogiques, qu'on a si durement, mais si justement, reprochées à Rousseau, ce que Nisard appelait ses « énormités », et le pédagogue anglais R. Hébert Quick « ses extravagances ».

La première de ces erreurs capitales, c'est que l'éducation, jusqu'à douze ans au moins, doit être rigoureusement « négative ». L'éducation « positive » ne commencera pour Émile qu'après une longue oisiveté intellectuelle et une non moins longue inaction morale. Puisque la nature tend d'elle-même à ses fins, il n'y a qu'à la laisser faire. Dans *la Nouvelle Héloïse*, Julie concluait déjà que l'éducation consiste « à ne rien faire du tout ». Le meilleur éducateur sera celui qui agira le moins, n'intervenant que pour écarter les obstacles qui contrarieraient le libre essor de la nature, ou pour créer les circonstances qui le favoriseront.

L'éducation sera négative en deux sens : dans la discipline, comme dans l'instruction. D'une part, on ne commandera rien à l'enfant; d'autre part, on ne lui enseignera rien.

Donc, aucune autorité morale, aucune discipline matérielle pour gouverner l'enfant. Point de préceptes, ni de châtiments, du moins de ceux qu'inflige une volonté humaine, ni de récompenses d'aucune sorte. Pas d'autres punitions que celles qui sont les suites naturelles de l'action et les conséquences de la faute commise. C'est le principe que nous retrouverons chez M. Herbert Spencer. « N'offrez jamais aux volontés indiscrètes de l'enfant d'autres obstacles que des obstacles physiques. » Que la main de l'homme n'apparaisse nulle part. Émile doit rester seul en face de la nature et de sa puissance. Connaître le bien et le mal, ce n'est pas l'affaire des enfants... De cette espèce de nihilisme disciplinaire Rousseau avait peut-être puisé l'inspiration dans ses souvenirs personnels. « Il n'avait jamais obéi, dit Amiel. Il n'avait connu ni la douce règle de la famille, ni la ferme discipline de l'école. » Émile ne sait ce que c'est que l'obéissance, ni la désobéissance non plus, puisqu'il ne reçoit jamais d'ordres. Il n'a pas idée qu'il puisse y avoir une autre volonté humaine que la sienne. Il n'est assujetti qu'à une loi, inflexible d'ailleurs, celle du possible et de l'impossible. Il ne connaît d'autre autorité que celle des lois de la nature, d'autre dépendance que celle de la nécessité impérieuse des choses.

Est-il bien utile de répondre à Rousseau, pour lui montrer qu'il s'égare, qu'il n'y aurait précisément rien de plus factice, de plus contre-nature, que cette éducation soi-disant naturelle où serait supprimé ce qu'il y a de plus naturel au monde, l'autorité des parents et des maîtres? Quoi? Pour diriger la conduite de l'enfant, il n'y aurait plus rien à attendre, ni des tendres insinuations de l'affection d'une mère, ni des prescriptions de la forte volonté d'un père, à la fois doux et ferme, ni des exhortations persuasives d'un maître bienveillant et attentif? S'il est sage d'exclure de la discipline les caprices de parents malhabiles qui procèdent

par ordres et par contre-ordres, qui passent des
extrémités de la complaisance aveugle à celles
d'une rigueur brutale, quelle folie ne serait-ce pas
de se priver des bienfaits que comporte, pour
l'éducation morale de l'enfant, l'action d'une autorité exercée avec prudence et sagesse? Empêchez
des vices de naître, vous aurez assez fait pour la
vertu, proteste Rousseau. De même que tout à
d'heure il dira : Empêchez les erreurs et les préjugés de pénétrer dans l'esprit d'Émile, et vous
aurez assez fait pour la science. Non, il ne suffit
pas d'empêcher le mal : il faut enseigner le bien.
Si l'âme d'Émile reste en friche pendant douze ans,
elle sera comme ces champs que le laboureur ne
travaille pas, qu'il n'ensemence pas : les mauvaises herbes y croîtront avec une effrayante ferti-
lité; et quand on voudra les extirper, il sera trop
tard. Rousseau était mieux inspiré dans *la Nouvelle Héloïse*, où il disait : « Un bon naturel doit
être cultivé... Il faut apprendre aux enfants à obéir
à leur mère. »

Dans l'étude qu'il a consacrée à l'*Émile*, et qui
est la meilleure que nous connaissions, M. John
Morley, l'homme d'État anglais, remarque avec
raison que l'omission du principe d'autorité est
la faiblesse fondamentale du système de Rousseau. « Dans ce système, dit-il, l'enfant doit toujours croire qu'il suit son propre jugement, qu'il
obéit à ses propres impulsions... Il ne faut pas
qu'il sente la pression d'une volonté étrangère. Il
ne faut pas que les parents ou les maîtres inter-
viennent;... comme si les parents ne faisaient point
partie de la nature?... » Et M. Morley ajoute :

2.

« Pourquoi donc n'admettre comme naturels que
les seuls effets que l'acte accompli produit sur le
bien-être physique de l'enfant, et non les sentiments d'approbation ou de désapprobation que ce
même acte inspire aux personnes humaines. Une
des plus importantes influences éducatrices serait
perdue, si l'enfant n'était pas accoutumé de bonne
heure à placer au premier rang dans sa pensée
les sentiments de ceux qui l'entourent et qui l'ai-
ment. De combien de qualités excellentes l'acquisition ne serait-elle pas compromise, si l'enfant,
dans son ignorance et sa faiblesse, n'était pas
naturellement porté à respecter, en ses parents et
en ses maîtres, une autorité mieux informée et une
expérience supérieure à la sienne? »

L'erreur n'est pas moins grave en ce qui concerne l'autre aspect de l'éducation négative, l'ajournement de l'instruction. Ici Rousseau s'exalte, et
il célèbre avec emphase les prétendus bienfaits
de la longue paresse d'esprit qu'il impose à son
élève. « Oserai-je exposer la plus grande, la plus
importante, la plus utile règle de toute l'éducation : ce n'est pas de gagner du temps, c'est d'en
perdre ?... La lecture est le fléau de l'enfance...
L'apparente facilité d'apprendre est la perte des
enfants... J'enseigne l'art d'être ignorant... » Donc
point de livres, aucune leçon verbale. Émile va
grandir comme un petit sauvage, sans culture
intellectuelle, exerçant seulement son corps et ses
sens. L'idéal serait qu'il restât ignorant le plus
longtemps possible, qu'il arrivât à douze ans ne
sachant pas même « distinguer sa main droite de
sa main gauche ». Rousseau, qui s'extasie devant

son œuvre, dira avec une exagération plaisante :
« J'aimerais autant exiger qu'un enfant eût cinq
pieds de haut que du jugement à dix ans;... » ou
encore : « Émile n'hésiterait pas à donner toute
l'Académie des sciences, » — à supposer qu'il
sache qu'elle existe, — « pour la boutique d'un
pâtissier. »

Sans doute, tout n'est pas à blâmer dans l'éducation inactive, expectante, que Rousseau recommande. Retenons en ceci qu'il convient de ne
point se hâter, de ne point devancer le progrès
naturel de l'âge ; qu'il est imprudent et dangereux
de surmener l'enfant par une instruction hâtive
et prématurée ; qu'on risque d'épuiser ses forces
en les fatiguant trop tôt. Mais que d'arguments se
pressent contre le système qui, par un abus contraire, laisse sans culture les facultés intellectuelles pendant les douze premières années, les plus
fécondes peut-être de toute la vie! Rousseau indique
lui-même une objection qui pourrait bien être
décisive : c'est que l'esprit, si longtemps engourdi
dans l'inaction, sera incapable d'agir par la suite,
et « s'absorbera dans la matière ». Comment
espérer qu'Émile, qui n'a rien étudié, va tout d'un
coup vouloir et pouvoir tout apprendre, que sa
pensée endormie s'éveillera soudain, à l'appel magique de son précepteur, pour acquérir comme
par enchantement toutes les connaissances qui
lui manquent? Et surtout comment lui assurer du
jour au lendemain cette souplesse, cette flexibilité
des organes intellectuels qu'exige toute étude,
alors qu'on aura négligé de les y préparer par
un exercice continu et une lente initiation? Enfin,

si Rousseau disait vrai, si l'enfant était incapable
de toute étude abstraite, s'il fallait lui interdire jusqu'à douze ans tout travail d'esprit, songe-t-on
quelle serait la conséquence ? Il faudrait fermer
toutes les écoles primaires, et l'instruction du
peuple serait impossible.

Je sais bien que Rousseau, pour remplacer
les livres et les leçons des maîtres, fait appel aux
enseignements de la nature. Émile n'a rien appris
par cœur ; il ignore presque ce que c'est qu'un
livre. En revanche, il sait beaucoup par expérience ; « il lit dans le livre de la nature. » Faisons d'abord remarquer que la nature ne se prête
pas tant que cela au rôle de maîtresse d'école
dont veut la charger Rousseau. Et la preuve,
c'est qu'il est obligé de recourir lui-même à des
artifices, aux stratagèmes les plus compliqués,
pour inculquer à son élève les rares connaissances
qui doivent éclairer la nuit de son ignorance. La
nature a besoin d'un machiniste qui prépare les
scènes laborieusement arrangées où l'on essaie de
procurer à Émile l'équivalent des leçons de l'éducation ordinaire. Telle la scène du joueur de
gobelets, destinée à lui révéler quelques notions
de physique élémentaire ; telle la conversation
avec le jardinier Robert sur les origines de la
propriété. Sans doute Émile saura mieux les
quelques petites choses qu'il aura ainsi apprises
par lui-même. Mais, outre que son instruction
sera singulièrement limitée, combien sera lent
cet enseignement de l'expérience et de la nature !
Il lui faudra des mois et des années pour découvrir ce qu'aussi bien il aurait pu apprendre en

quelques heures, grâce à des leçons bien faites ou
à des lectures bien choisies. Tout ce que la parole
claire d'un professeur sait mettre à la portée du
plus petit écolier, tout ce que les livres peuvent
apporter de lumières à l'intelligence naissante,
tout cela serait donc inutile? Et il ne servira de
rien à Émile d'être l'héritier d'une longue suite
de générations qui ont travaillé, qui ont pensé,
qui ont écrit, alors que cet effort séculaire a accu-
mulé des trésors de vérités où les nouveaux venus
à la vie n'ont qu'à puiser pour s'instruire?

Ce qui suffit d'ailleurs à la condamnation d'un
système qui ne tend à rien moins qu'à la suppres-
sion de toute discipline morale, et de tout enseignement didactique, pendant la première période
de la vie, c'est que, pour l'appliquer, Rousseau
est obligé de placer son élève dans une situation
anormale, de l'affranchir des conditions ordinaires
de l'existence, de l'isoler dans une sorte d'exil,
de le soustraire enfin à la direction de ses parents,
pour le confier à la garde d'un étranger. On s'est
étonné que Rousseau, un sincère ami et un apôtre
de la famille, — nous nous en convaincrons tout
à l'heure, — ait supprimé dans son roman d'éducation les parents, les frères et les sœurs. Où
sont les tableaux délicats, qu'il avait tracés dans *la
Nouvelle Héloïse*, des jeux en commun et de l'éducation mutuelle des enfants de Julie, élevés sous
les yeux de leur mère? Si Rousseau se déjuge,
c'est qu'il y était bien forcé pour donner à son
rêve d'éducation négative un semblant d'exécution pratique. Comment supposer en effet qu'un
père et qu'une mère puissent se désintéresser

assez de l'éducation d'un fils qu'ils élèveraient
eux-mêmes, pour renoncer à agir sur lui, soit par
des admonitions, au besoin sévères, soit par d'affec-
tueuses caresses? Il fallait de toute nécessité que
le héros de l'éducation naturelle vécût seul dans
son enfance, sans parents, sans camarades, sans
Dieu ni maître : — car on ne lui parlera de Dieu
que beaucoup plus tard, quand il aura dix-huit
ans ; et, quant au gouverneur qui l'accompagne, il
n'est, à vrai dire, ni un maître, ni un professeur :
c'est simplement un gardien, une sentinelle vigi-
lante, qui a pour consigne de protéger Émile
contre les influences du dehors, contre tout ce qui
pourrait entraver l'action bienfaisante de la nature, et dont le rôle se borne à établir autour de
son pupille comme une muraille d'isolement.

Cet isolement étrange d'un enfant auquel on
interdit toute relation avec le reste du genre
humain n'est donc qu'une construction de fantaisie,
dont Rousseau avait besoin pour mettre en plein
relief les nouveautés de son plan. Nous n'y voyons
guère qu'un artifice de composition ; et il serait par
conséquent superflu de se mettre en frais d'ironie
contre une fiction que l'auteur désavoue en maint
endroit de son livre, et dont l'invraisemblable
absurdité suffit à démontrer qu'il n'a jamais songé
à en faire la règle universelle de l'éducation. « Je
montre le but qu'il faut se proposer : je ne dis pas
qu'on puisse y atteindre. » Comment supposer que
Rousseau ait cru sérieusement possible de réaliser
un système dont le moindre défaut serait de
supprimer dans le monde toute autre fonction que
celle de précepteur, puisqu'on immobiliserait pen-

dant vingt ans la moitié des hommes dans leur emploi d'éducateurs, et que, comme l'a dit Mme de Staël, « les grands-pères tout au plus se trouveraient libres de commencer une carrière personnelle »? Il faudrait en effet trouver autant de Mentors qu'il y a de Télémaques, c'est-à-dire d'enfants à élever. La foi chrétienne, dans ses ardeurs, a inspiré les « stylites », ces anachorètes bizarres qui vivaient sur le haut d'une colonne, entre terre et ciel; comme si l'on avait voulu présenter ainsi sous une forme saisissante et absurde la nécessité de la rupture avec le monde. La foi naturaliste de Rousseau lui a suggéré de même l'invention d'un être d'exception qui vivra et grandira loin de la société, par une sorte d'hypothèse dont le but était de faire ressortir la puissance de l'éducation de la nature. Il serait invraisemblable que Rousseau eût si impérieusement demandé à la mère d'être la nourrice de son enfant, pour le ravir aussitôt à sa tendresse et l'enlever à ses soins, une fois l'allaitement fini. Non, il a seulement voulu, dans un cadre factice, donner libre carrière à ses rêveries. Émile n'est pas un être réel : c'est un être de raison, comme une machine de guerre inventée pour combattre la société.

Au fond, et si l'on s'en rapporte à d'autres parties de l'*Émile*, comme aux autres écrits de Rousseau, l'éducation domestique n'a jamais eu de plus fervent adepte.

Combien de fois, dans sa *Correspondance*, ne revient-il pas sur l'éloge de la vie familiale? Il est vrai que dans ses *Considérations sur le gouvernement de Pologne*, qui datent de 1772, il s'est ravisé,

et que, par une contradiction nouvelle, il se pro-
nonce avec fougue pour une troisième solution,
pour l'éducation commune. Rousseau est l'homme
des opinions successives, tour à tour défendues
avec une même impétuosité. Aux Polonais il con-
seillera résolument l'éducation nationale, poussée
jusqu'à ses dernières limites, l'éducation de *la
République* de Platon, celle qui absorbe l'homme
dans le citoyen, qui confisque l'individu pour le
livrer tout entier à l'État. Rousseau a oscillé toute
sa vie entre la doctrine de l'individualisme et celle
du socialisme, entre la souveraineté de l'État et la
liberté de l'homme.

Il dira : « Les bonnes institutions sociales sont
celles qui savent le mieux dénaturer l'homme, lui
ôter son existence absolue pour lui en donner une
toute relative... C'est par l'éducation publique qu'on
donne aux âmes la forme nationale... L'éducation publique, dans des règles prescrites par le
gouvernement, est une des maximes fondamentales
de tout gouvernement populaire... » Et de même,
dans l'article de l'*Encyclopédie* sur l'*Économie
politique* : « Comme on ne laisse pas la raison de
chaque homme unique arbitre de ses devoirs, on
doit d'autant moins abandonner aux lumières et
aux préjugés des pères l'éducation des enfants... »

Nous sommes loin de l'éducation individualiste
d'Émile, et nous reconnaissons volontiers qu'il est
impossible de pousser plus loin que ne le fait
Rousseau la désinvolture inconsciente dans la
mobilité des opinions contradictoires et des contradictions impétueuses. Et pourtant, malgré tout,
nous maintenons que, dans l'ensemble de ses aspi-

rations, Rousseau est favorable à l'éducation domestique. Lisons d'abord cette belle page de l'*Émile* où il demande que la jeune fille soit élevée par sa mère, et où il réfute vigoureusement les chimères de l'éducation platonicienne. Il proteste « contre cette promiscuité civile qui confond les deux sexes dans les mêmes emplois, dans les mêmes travaux, et qui ne peut manquer d'engendrer les plus intolérables abus, — contre cette subversion des plus doux sentiments de la nature immolés à un sentiment artificiel qui ne peut subsister que par eux; — comme s'il ne fallait pas une prise naturelle pour former des liens de convention, comme si l'amour qu'on a pour ses proches n'était pas le principe de celui que l'on doit à l'État, comme si ce n'était pas par la petite patrie qui est la famille que le cœur s'attache à la grande, comme si ce n'était pas le bon fils, le bon père, le bon mari, qui font le bon citoyen... »

Au grand mot de famille, l'imagination de Rousseau s'enflamme, d'autant plus peut-être qu'il n'en a lui-même ni connu les joies, ni pratiqué les obligations. Qu'on ne lui parle, ni des collèges pour les garçons, ni des couvents pour les filles! Des collèges, il ne dira qu'un mot, que ce sont de « risibles établissements », — et c'est pour en avoir parlé sur ce ton méprisant qu'il croyait, à ce qu'il raconte dans les *Confessions*, s'être attiré la haine des Jésuites, dont, par prudence, il s'était pourtant fait une loi « de ne parler jamais, ni en bien, ni en mal ». Quant aux couvents, c'est parce que les nations protestantes n'en ont pas qu'il les jugeait supérieures aux nations catholiques.

Dans *la Nouvelle Héloïse*, Rousseau admoneste
vertement les parents qui livrent leurs enfants à
des maîtres étrangers, « comme si un précepteur
pouvait remplacer un père... » Ailleurs, dans ses
lettres au prince de Wirtemberg, il écrit : « Il n'y
a point d'œil paternel que celui d'un père, ni d'œil
maternel que celui d'une mère. Je voudrais con-
sacrer vingt rames de papier à vous répéter ces
deux lignes, tant je suis convaincu que tout en
dépend... »

D'autre part, on sait avec quelle éloquence,
dans l'*Émile* même, Rousseau a rappelé les mères
à leur devoir, en ce qui concerne l'allaitement.
Sans doute, il n'est pas le premier qui l'ait fait.
A Rome même, au ii* siècle, le philosophe Favo-
rinus disait : « N'est-ce pas n'être mère qu'à moitié
que confier ses enfants à des nourrices merce-
naires ?... » Paroles de bonté qui contrastaient
heureusement avec les mœurs sèches, avec la
dureté d'une société, dont un des plus illustres
représentants, Cicéron, un siècle auparavant, écrivait dans ses *Tusculanes* : « Quand un enfant
meurt jeune, on s'en console facilement : quand
il meurt au berceau, on ne s'en occupe même
pas... »

Dans les années qui précédèrent la publication
de l'*Émile*, des médecins, des moralistes avaient
entrepris la même campagne, mais ils l'avaient fait
sans élan. Rousseau y mit tout son cœur, et comme
dit Mme de Genlis : « La sagesse persuade moins
que l'enthousiasme. Rousseau répéta ce que d'autres avaient dit; mais il ne conseilla point : il
ordonna, et il fut obéi. »

En ramenant les mères auprès des berceaux,
Rousseau ne se préoccupait pas seulement de l'intérêt de l'enfant et de ses besoins physiques. « S'il
demandait le lait de la nourrice, c'était pour avoir
l'affection de la mère. »

A ses yeux, l'enfant est comme le messager des
vertus de la famille, le gage et en même temps le
garant de l'amour conjugal. Il est le lien sacré qui
unit indissolublement le mari et la femme. C'est
l'enfant qui entretient et réchauffe le foyer domestique, soit par la joie qu'y introduit sa douce présence, soit par les devoirs communs qu'impose son
éducation. Dans l'appel que Rousseau adresse aux
parents, le père n'est pas plus oublié que la mère.
Après avoir dit : « Voulez-vous rendre chacun à
ses premiers devoirs? Commencez par les mères » ;
il ajoutera : « Comme la véritable nourrice est la
mère, le véritable précepteur est le père... Le père
s'excusera : les affaires, dira-t-il, les devoirs... Le
dernier sans doute est celui d'être père !... »

Mais revenons aux chimères de Rousseau, à ce
qu'il appelait lui-même dans sa *Préface* les « rêveries d'un visionnaire »; — sans renoncer à y chercher et à y trouver quelques grains de vérité. A l'illusion de l'éducation négative se rattache celle de
l'éducation « successive ». Ici, Rousseau va contredire son principe essentiel, qui est de suivre la
nature. S'il est, en effet, une loi certaine de la
nature, c'est qu'elle ne crée rien brusquement, c'est
qu'elle procède toujours par une lente et insensible évolution. « Avec elle, dit Mme Necker de
Saussure, on ne saisit de commencement nulle
part; on ne la surprend pas à créer, et toujours il

semble qu'elle développe. » De cette conception
très exacte est sorti le beau système de l'« éducation
progressive ». Mais Rousseau a rêvé autre chose :
une éducation fragmentée, sériée, scindée en trois
périodes. Il oublie que la nature fait marcher de
front dans leur développement les diverses fonctions
de la créature humaine, et que l'éducation doit
conséquemment se conformer à cette évolution
simultanée des diverses facultés de l'âme et du
corps. Tout au contraire, il brise l'unité réelle de
l'être humain. « C'est, disait Mme d'Épinay,
comme si l'on défendait aux enfants de mouvoir
leurs bras et de se servir de leurs mains dans le
temps qu'ils apprennent à marcher. » D'abord par
un dualisme absolu, Rousseau sépare l'âme du
corps. « La nature a voulu que le corps se déve-
loppât avant l'âme. » Mais de l'âme elle-même,
au lieu d'une, il en fait trois. Dans l'histoire artificielle d'Émile, il y a trois phases radicalement
distinguées et séparées l'une de l'autre. Jusqu'à
douze ans, la vie physique et l'exercice des sens :
rien pour l'intelligence, rien pour le cœur. Émile
à douze ans n'est qu'un animal robuste, un « che-
vreuil » agile. De douze à quinze ans, l'âge intellectuel, la période bien courte des études, où
l'enfant sera rapidement initié aux éléments des
sciences utiles, où il ne sera plus soumis à la
force nécessaire des lois naturelles, où il réflé-
chira enfin, et se déterminera d'après un principe nouveau, l'idée de l'utilité. Enfin, — troisième
période, — après quinze ans, les sentiments, le devoir feront bien tardivement leur apparition : « Nous
entrerons dans l'ordre moral. » Brusquement, il

s'agit de procéder à la formation sociale de l'homme.

Tel est le programme bizarre de Rousseau : il établit ainsi dans l'éducation trois compartiments superposés, trois étages ; et l'on peut se demander comment, après cette scission factice de l'individu, les trois tronçons de la personne humaine pourront se rejoindre et s'associer pour reconstituer l'unité du tout naturel que forment le corps et l'esprit.

Et cependant, comme toujours, il y a une part d'observation juste et vraie dans l'arbitraire théorie de Rousseau. Il a raison de vouloir qu'on tienne compte des caractères propres à chaque âge de la vie, et que, par exemple, on traite l'enfant, non comme un homme, mais comme un enfant. « Traitez votre élève selon son âge. Les plus sages, dit-il, — et il entend évidemment désigner Locke, — s'attachent à ce qu'il importe aux hommes de savoir, sans considérer ce que les enfants sont en état d'apprendre. Ils cherchent toujours l'homme dans l'enfant, sans penser à ce qu'il est avant que d'être homme. » Et encore : « Laissons mûrir l'enfance dans l'enfant. Nous avons souvent ouï parler d'un homme fait : considérons enfin un « enfant fait. »

Sur ce point, Rousseau ne s'accorde pas avec quelques-uns de nos éducateurs modernes, avec ceux-là même qui s'inspirent le plus de lui. Dans un livre récent et des plus intéressants, *l'Éducation nouvelle*, M. Demolins, le fondateur de l'École des Roches, le novateur qui, avec un zèle louable, s'efforce d'acclimater en France certaines parties de la virile et libre éducation de l'Angleterre,

M. Demolins formule une opinion contraire. D'après lui, il n'est jamais trop tôt pour traiter l'enfant en homme. « Traités en hommes, dit-il, les enfants deviennent réellement et rapidement des hommes. » Et il cite l'anecdote d'un enfant de neuf ans qui, très rapidement, en effet, — en deux heures, — serait devenu vraiment un homme, tout simplement parce qu'ayant été reçu avec ses parents dans une famille anglaise, les trois personnes de cette famille l'ont pris au sérieux au cours de sa visite, et ont bien voulu tout le temps causer avec lui !...

Former des hommes, les « fabriquer », comme on dit aujourd'hui, c'est le rêve perpétuel des éducateurs de tous les temps et de tous les pays. Pour y parvenir, dans une certaine mesure, peut-être convient-il de prendre une voie moyenne entre les deux opinions extrêmes de M. Demolins et de Rousseau. D'une part, il n'est jamais trop matin pour mettre l'enfant à l'école du devoir, et pour préparer l'apprentissage de la responsabilité personnelle, en faisant appel à son raisonnement et à sa réflexion, — et Rousseau se trompe quand il apporte les délais que l'on sait à cette éducation de la raison. Mais d'autre part, — et ici Rousseau triomphe, — il ne faut pas oublier que l'enfant est l'enfant, qu'il n'est pas possible de lui demander d'user de jugement et de se conduire en homme libre alors que son jugement n'est pas formé, ni sa liberté créée. Nos deux pédagogues, d'ailleurs, sont au fond plus d'accord qu'on ne le croirait. Ils ne veulent, ni l'un ni l'autre, d'une instruction prématurée qui jette l'enfant d'emblée dans les études abstraites, et qui, selon les expressions de Gœthe, tend à faire de lui « un philosophe subtil, un savant, et non un homme ». M. Demolins, certainement, souscrirait à cette conclusion de Rousseau : « L'éducation ordinaire est mauvaise parce qu'elle fait de vieux enfants et de jeunes docteurs. » Et de même, en ce qui concerne l'éducation morale, M. Demolins, qui en veut surtout à la discipline fondée sur « le principe d'autorité », ne peut qu'applaudir aux exagérations de Rousseau, puisque celui-ci supprime précisément toute autorité, et invective les parents et les maîtres qui n'ont jamais assez tôt « corrigé, réprimandé, flatté, menacé, promis, instruit, parlé raison ».

Où il n'est point permis de consentir aux vues de Rousseau, c'est dans le retard incompréhensible qu'il impose à l'éducation morale. Ceci est autrement plus pernicieux que l'ajournement de la culture intellectuelle. Émile a atteint sa quinzième année, et il n'a encore éprouvé aucun sentiment humain. Qui aime-t-il? Personne, sauf peut-être son précepteur, le seul homme qu'il connaisse. Son âme ne s'est ouverte à aucune de ces affections enfantines qui préparent les vertus sociales. Par quel prodige va-t-il soudain apprendre à aimer les hommes, alors qu'il a si longtemps vécu dans l'isolement sec et stérile d'une vie strictement individuelle? Rousseau, en vérité, est trop sommaire dans l'exposé de ses méthodes pédagogiques. Il dira : « Émile est ceci; Sophie est cela. » Il les dotera l'une et l'autre de toute sorte de qualités et de vertus merveilleuses; mais il néglige de nous dire comment ils les ont acquises. En ce qui concerne la genèse des sentiments affectueux, il est évident qu'il escompte un résultat miraculeux qu'il n'a rien fait pour préparer. Il a laissé le cœur d'Émile vide pendant quinze années, et, en un instant, il s'imagine pouvoir le remplir. Quelle illusion! On n'enseigne pas à aimer comme on enseigne à calculer. La formation de la sensibilité sociale est chose délicate et difficile. Et Rousseau complique le problème en soumettant Émile aux lois du seul égoïsme. De même que Condillac, par une série de transformations subtiles, fait sortir de la sensation primitive les idées les plus abstraites et les plus générales, de même Rousseau prétend, par une métamorphose étrange, faire dériver du seul égoïsme initial tous les sentiments altruistes. L'amour-propre est à ses yeux l'atome unique et fondamental de la sensibilité. Comment a-t-il pu oublier cet autre atome, la sympathie, qui se manifeste dès l'aube de la vie, et dont on ne saurait trop vite encourager et exciter l'essor? Dans le sourire que le nouveau-né adresse à celle qui l'allaite et le soigne, il y a plus que l'expression d'un besoin matériel satisfait : il y a la réponse instinctive de l'affection naissante de l'enfant à la tendresse réfléchie de sa mère. « Tant que l'enfant n'est frappé que des choses sensibles, faites que toutes ses idées s'arrêtent aux sensations... » Non, ouvrons, au contraire, la porte toute grande aux sentiments, qui ne demandent d'ailleurs qu'à entrer. Il faut tout de suite, chez l'enfant, qu'au corps se mêle un peu d'âme.

On sait que, dans sa manie de temporisation,

Rousseau a retardé jusqu'à l'adolescence la révélation des idées religieuses, aussi bien que celle
des idées morales. La raison qu'il en donne, c'est
que l'enfant, avec son imagination purement sensible, — et c'est peut-être bien la faute de l'éducation négative, s'il en est là, — ne pourrait se faire
de Dieu qu'une idée superstitieuse, et se le repré-
senterait à l'image de l'homme, comme un vieil-
lard à barbe blanche, comme un monarque assis
sur un trône... D'où la convenance d'attendre l'âge
de raison pour parler de Dieu à Émile, afin qu'il
le conçoive d'emblée dans la sublimité idéale de
ses attributs spirituels. Du moins, s'il a différé
jusqu'à dix-huit ans la révélation de l'Être suprême, Rousseau prend sa revanche par le bel
éclat qu'il lui donne. Il était sincèrement déiste. Il
croyait à Dieu avec la même conviction qu'à l'âme
et à la vie future : « Je désire trop qu'il y ait un
Dieu, pour ne pas le croire... » Sans en chercher
la preuve dans ses autres écrits, la *Profession de
foi du vicaire savoyard* en est la démonstra-
tion éclatante. Elle était dans sa pensée le
morceau capital de l'*Émile*. Pour elle, il eût sa-
crifié tout le reste. C'est cette partie de son ma-
nuscrit qu'il confiait à la garde de ses amis les
plus sûrs, craignant, dans les transes perpétuelles
que lui causait l'impression de l'ouvrage, que ses
ennemis et particulièrement les Jésuites ne la
fissent disparaître. C'est elle qui fut la cause prin-
cipale des colères et de la tempête de persécution
qui allaient se déchaîner contre lui. C'est elle qui
lui valut par contre des applaudissements enthou-
siastes, et jusqu'à l'admiration de Voltaire : car, c'est

3.

de la *Profession de foi* que Voltaire, si dur pour l'*Émile*, a entendu parler, quand il dit que ce « roman stupide » contient pourtant « cinquante pages dignes d'être reliées en maroquin ». A distance, et malgré une mise en scène superbe et un style magnifique, la *Profession de foi*, qui est un peu un hors-d'œuvre dans un traité d'éducation, nous apparaît comme une déclamation emphatique, d'un spiritualisme vague et flottant. Peu importe d'ailleurs ce qu'elle vaut en elle-même, comme œuvre philosophique. Ce que nous lui reprochons, c'est qu'elle soit la première parole de religion que Rousseau ait fait entendre à son élève, si tant est qu'il veuille réellement développer en lui le sentiment religieux. Que la conception de Rousseau soit irréalisable, cela n'est pas à discuter : si Émile vivait, comme tous les enfants, dans la famille et dans le monde, il serait témoin des manifestations extérieures de la religion de ses parents et de ses concitoyens, et dans sa curiosité il demanderait bien vite ce que tout cela signifie : lui celer Dieu serait impossible. Mais là n'est pas la question : ce qui importe, c'est de savoir si la méthode employée par Rousseau répond à ses intentions, si elle est de nature à en assurer le succès. Je la croirais plutôt excellente pour faire des athées. Émile, qui s'est passé de Dieu si longtemps, ne sera-t-il pas tenté de s'en passer toujours? Dans son désir de communiquer à son élève le sentiment religieux dont il était lui-même si intimement pénétré, Rousseau aurait dû s'aviser qu'ici aussi un lent développement est nécessaire, que l'athéisme provisoire d'Émile risque fort de devenir définitif, tout autant que son égoïsme ou son inertie intellectuelle.

En ceci, comme sur maint autre point, Rousseau n'a pas suivi son principe, qui est d'obéir aux lois naturelles. Et en lui empruntant une de ses figures de style, on serait tenté d'imaginer que la « Nature », prenant la parole, lui tiendrait à peu près ce langage :

« Certes, ô Rousseau, je serais bien ingrate, si je ne saluais pas en vous un des mortels qui ont le plus fait effort pour restaurer mon empire. Vous vous êtes déclaré mon servant fidèle. Votre encens a brûlé sur mes autels. Vous avez célébré, avec un enthousiasme sincère, la vie simple et frugale, les plaisirs des champs, les mœurs innocentes, dans une société livrée aux goûts du luxe, aux vices et aux complications de la vie mondaine. Vous avez fait voir l'aurore à des gens qui ne se levaient qu'à midi. Vous avez conduit au grand air, en plein soleil, les petits enfants qui s'étiolaient dans l'atmosphère empestée des grandes villes. Vous avez protesté contre les besoins factices, contre les caprices et les artifices de la mode. Vous avez essayé de rétablir dans l'humanité la simplicité des premiers âges... Soyez-en loué.

« Mais sur combien de points, ne croyant vous inspirer que de moi, vous vous êtes pourtant trompé ? Il ne m'est pas prouvé que vous sachiez bien qui je suis. Tout le monde autour de vous parle « du mystère de la loi de nature ». Ce mystère, êtes-vous bien sûr de l'avoir éclairci et pénétré ?

« Que suis-je à vos yeux ? « L'ensemble, dites-vous

des tendances instinctives de l'humanité avant que l'opinion les ait altérées. » Vous oubliez que « l'opinion », c'est moi qui l'ai faite en partie; que la société est mon œuvre, que je l'ai fondée, que je suis pour beaucoup dans son organisation. Il semble que, dans votre esprit, je sois restée, me figeant dans mon immobilité, la nature primitive et sauvage des premiers temps du monde. Non, je ne suis pas une force immobile et invariable. J'avance, je marche avec le progrès. Quelqu'un qui ne vous aime pas, mais qui a bien de l'esprit, a dit plaisamment que vous faisiez rétrograder l'humanité jusqu'à l'époque barbare où les hommes marchaient à quatre pattes et se nourrissaient de glands... Je vous accorde que Voltaire exagère : mais tout de même, en vantant les bienfaits de l'ignorance, en maudissant les arts et les lettres et toutes les œuvres de la civilisation, n'avez-vous pas donné prise à cette raillerie ?

« Vous demandez étourdiment de faire table rase de tout ce que vos ancêtres ont institué, alors que ces institutions et ces coutumes, c'est moi qui souvent les leur ai dictées. Vous voulez, dans l'éducation, prendre en tout le contrepied de l'usage, mais l' « usage » que vous condamnez en bloc, ne voyez-vous pas qu'il n'aurait pu subsister de siècle en siècle, s'il n'avait été en partie d'accord avec les lois auxquelles je préside ?

« Je ne voudrais pas entrer dans le détail de vos erreurs, mais en voici une. Vous avez raison de n'enseigner à votre cher Émile que la religion naturelle, qui est la seule que je puisse avouer. Vous avez raison, saluant derrière moi la Provi-

dence, ma créatrice, d'opposer, aux vaines et super-
ficielles formes du culte, le sentiment intérieur et
profond de la conscience... Mais pourquoi, dans
cette éducation religieuse, ne vous êtes-vous pas
conformé à la marche même de l'humanité qui,
guidée par moi, est passée des superstitions primi-
tives et des demi-clartés des théologies posté-
rieures, à la lumière plus complète de la pure raison? Votre prédécesseur Fénelon, qui m'a réjoui,
lui aussi, par l'effort qu'il a fait pour se rapprocher
de moi, a été plus sage; et, si tant est qu'il faille
que les hommes restent des croyants, il a compris
que le seul moyen d'assurer leur foi, c'était d'en
jeter de bonne heure les fondements dans l'esprit
de l'enfant, en lui présentant d'abord, comme je
l'ai fait pour l'humanité, des idées sensibles de
Dieu, idées imparfaites et confuses, dont la raison,
à mesure qu'elle grandira, dissipera peu à peu les
images superstitieuses, pour faire apparaître,
autant que le comporte la faiblesse humaine, la
conception pure et rationnelle de Celui qui m'a
faite...

« Pour tout dire, ô Rousseau, votre grand tort,
le défaut principal que l'on vous reprochera dans
les siècles qui suivront, — car je prévois l'avenir,
— c'est de n'avoir pas cru au progrès; c'est de
n'avoir pas soupçonné la grande loi de l'évolution
perpétuelle des choses. Vous avez ignoré mon vrai
caractère, qui est d'être sans cesse en mouvement.
Le mot de « progrès » revient souvent sous votre
plume, mais vous le prenez toujours en mauvaise
part. Il est pour vous, ou peu s'en faut, synonyme
de décadence et de corruption... Vos successeurs

considéreront au contraire le progrès comme ma
loi suprême, comme mon principe essentiel, comme
la raison d'être de l'humanité et du monde. Ils
comprendront que la nature ne se fait pas en un
jour, que les acquisitions successives de l'hérédité
font partie intégrante de mon essence, que je ne
cesse pas d'être la nature en devenant le progrès.

« Mais que vos erreurs vous soient pardonnées,
car vous m'avez beaucoup aimée. D'autres vien-
dront après vous qui croiront aussi m'avoir
définie. Eux aussi se tromperont peut-être : car je
ne suis pas si simple que vous le croyez ; je suis
infiniment complexe, et je reste l'énigme impéné-
trable, insaisissable dans ses desseins, que les
hommes peut-être ne parviendront jamais à
déchiffrer... »

IV

Par ses utopies, celles-là même qui sont en contradiction avec la nature dont il invoquait le patro-
nage, Rousseau a rendu service à la science et à
l'art de l'éducation. « Ses erreurs, a dit le
P. Girard, sont elles-mêmes des avis salutaires. »
En secouant violemment les habitudes tradition-
nelles, il a réveillé les esprits endormis dans la
routine, et par les écarts de sa fantaisie il a suggéré, préparé des solutions justes et pratiques.

Mais l'*Émile* renferme aussi, et en grand
nombre, sur les diverses parties de l'éducation,
des vues générales et des vérités de détail qu'on
peut accepter d'emblée, presque sans retouches,
toute une gerbe de fleurs qui ne cesseront plus de
s'épanouir dans le jardin de l'éducation. Combien
de paroles éloquentes, venues de l'*Émile*, chantent
toujours à nos oreilles? Combien de maximes qui
étaient nouvelles en 1762, et qui, devenues presque
triviales aujourd'hui, forment la monnaie courante
de notre pédagogie? De combien d'autres, à tort
négligées, n'avons-nous pas à faire notre profit?

Il est maintenant banal de recommander l'éducation physique. Et Rousseau n'est point le premier dans les temps modernes qui, par un retour
aux mœurs antiques, ait convié la jeunesse aux
exercices du corps. Dix ans auparavant, Turgot

écrivait : « Nous avons surtout oublié que c'est une partie de l'éducation de former le corps. » Rousseau, sur ce chapitre, renvoie son lecteur à Montaigne et à Locke, et il aurait pu aussi le renvoyer à Rabelais. Ne l'en louons pas moins d'avoir, à son tour, insisté avec force sur des prescriptions plus souvent recommandées que pratiquées. Sachons-lui gré d'être entré, comme il le fait, dans la minutie des détails sur les vêtements, sur la durée du sommeil, sur la nourriture, ouvrant ainsi la voie aux hygiénistes de l'enfance.

Émile doit s'efforcer de « joindre à la raison d'un sage la vigueur d'un athlète ». Il faut qu'il pense comme un philosophe et qu'il travaille comme un paysan. L'exercice du corps ne nuit pas aux opérations de l'esprit. Les deux actions doivent marcher de concert. Les « sports » n'étaient pas encore à la mode, au temps de Rousseau, et l'on ne saurait lui en vouloir, alors qu'il a prophétisé la Révolution française, de n'avoir pas également prédit le triomphe du « foot-ball ». Du moins il recommande la natation, que tout le monde peut apprendre. L'équitation est écartée, comme trop coûteuse. A vingt ans pourtant, Émile montera à cheval, sans préjudice des longues promenades pédestres. Rousseau, qui avait traversé la France à pied, de Paris à Lyon, ne pouvait que recommander les exercices de marche. Mais c'est surtout au petit enfant que pense Rousseau. Avant même qu'il sache marcher, on le conduira journellement dans les champs, dans les prés, pour s'y ébattre, pour y courir dès qu'il le pourra. Qu'il ne soit plus question d'une éducation molle et ren-

fermée, propre à faire « des lettrés sans muscles ».
Ce qui importe avant tout, c'est la santé, c'est la
force physique. Rousseau est revenu sur ce sujet
dans ses *Considérations sur le gouvernement de
Pologne*. Il y demande que dans tous les collèges
on établisse des gymnases pour les exercices cor-
porels. « C'est, dit-il, l'article le plus important de
l'éducation, non seulement pour former des tem-
péraments robustes, mais encore plus pour l'objet
moral... »

En effet, ce n'est pas uniquement par préoccupa-
tion hygiénique, ni pour fortifier le corps, que
Rousseau propose son plan d'éducation à la campagne, avec la pleine liberté des mouvements, les
courses en plein air et les ébats joyeux : il voit
dans les exercices physiques un moyen de développer les forces morales, un prélude à l'éducation
du courage et des vertus du caractère. Des souvenirs de la vie spartiate ou de la doctrine stoïcienne
semblent inspirer Rousseau. Son Émile est élevé à
la dure ; on l'endurcit au froid et au chaud ; on
l'accoutume aux privations. On ne cède à aucun de
ses caprices, à supposer que l'élève de la nature
puisse en avoir. Si on lui accorde ce qu'il demande,
ce n'est pas parce qu'il le demande, c'est parce
qu'on sait qu'il en a réellement besoin. Et Rousseau, qui tout à l'heure revenait sagement du paradoxe au sens commun, passe maintenant par un
mouvement inverse, et avec la même aisance, de la
prescription équitable et juste à l'exagération ridicule et absurde. Émile marchera pieds nus ; il
circulera dans l'obscurité sans bougie, sans lumière.
Peut-être apprendra-t-il ainsi à n'avoir point peur

dans les ténèbres, mais ne risquera-t-il pas de se
rompre le cou, « les yeux qu'il a au bout des doigts »
ne paraissant guère suffisants pour le garantir
d'un faux pas ou d'une chute ? Laissons ces excen-
tricités où se perd le génie de Rousseau ; et cons-
tatons seulement qu'il a devancé tous ceux qui, de
nos jours, réclament une éducation active et mâle,
celle qui prépare des hommes vigoureux, habiles
de leurs membres, capables de payer de leur personne, n'étant point embarrassés de rendre aux
autres comme à eux-mêmes des services pratiques,
véritablement armés pour la vie, pour ses occupations matérielles autant que pour ses difficultés et
ses épreuves morales.

Ce serait se méprendre sur les intentions de
Rousseau que considérer seulement au point de
vue utilitaire sa fameuse théorie sur la nécessité de
l'apprentissage d'un métier manuel. Assurément,
il y a vu une ressource, un gagne-pain assuré, pour
les jours possibles d'adversité et de ruine. Une
pensée de prévoyance pour le riche qui, tout d'un
coup réduit à la misère, sera obligé de gagner sa
vie, n'est pas étrangère au plan de Rousseau.
« Nous approchons du siècle des révolutions. Qui
peut vous répondre de ce que vous deviendrez
alors ? » Mais s'il fait d'Émile un menuisier, et non
un menuisier pour rire, un véritable ouvrier, qui fré-
quentera l'atelier et qui ne se laissera pas distraire
de ses occupations même par la visite de sa fiancée,
— ce sont encore d'autres mobiles qui le guident :
il veut réhabiliter le travail et, particulièrement, le
travail manuel. « Riche ou pauvre, quiconque ne
travaille pas est un fripon. » Il y a aussi cette pré-

occupation pédagogique que dans l'homme ce n'est pas uniquement la tête, le cerveau, qu'il est nécessaire d'exercer, comme si le cerveau était tout l'homme; que nous devons savoir faire usage de nos mains aussi bien que de notre raisonnement; qu'enfin le travail manuel est bon pour tout le monde, parce qu'il développe l'habileté physique, l'endurance, l'effort et les connaissances pratiques. Rousseau eût applaudi à ces paroles récentes de M. Jules Lemaître : « Le temps de nos collégiens, qui le perdent deux fois, puisqu'ils le passent à ne pas apprendre une langue morte qui, l'eussent-ils apprise, leur serait à peu près inutile, aurait été mieux employé, je ne dis pas à l'étude des langues vivantes, des sciences naturelles, de la géographie, — c'est trop évident, — mais au jeu, à la gymnastique, à la menuiserie... » Surtout il serait ravi de voir combien le métier manuel auquel il a donné la préférence est tenu en honneur dans certaines écoles de notre temps, en Angleterre, par exemple, dans ce collège de Bedales, prototype de l'École des Roches de M. Demolins, où aux occupations du jardinage, aux travaux de la ferme, succèdent les exercices de menuiserie. On y voit les élèves fabriquer avec un véritable entraînement des boîtes, des casiers, des rayons de bibliothèque, où ils placent ensuite des livres qu'ils ont reliés de leurs propres mains.

A l'éducation du corps se rattache immédiatement celle des sens. « Nous n'avons pas que des bras et des jambes, nous avons aussi des yeux et des oreilles. » Ici encore, Rousseau est un excellent guide. Pestalozzi et tous les patrons de la méthode intuitive, tous les prôneurs des leçons de choses

ne seront que ses disciples. L'éducation des sens
est la condition de tout le reste. On a parfois comparé Rousseau à Descartes. Il aurait été le « Descartes de la sensibilité », succédant à celui de l'entendement. Il est plus exact de le rapprocher de
Condillac, qu'il classait « parmi les meilleurs
raisonneurs et les plus profonds métaphysiciens de
son siècle ». Comme l'auteur du *Traité des sensations*, il accepte la maxime : « Tout ce qui entre
dans l'entendement y vient par les sens. » Les sens
sont « les premières facultés qui se forment en
nous : ce sont donc les premières qu'il faut cultiver ». A cette culture Rousseau consacre les douze
années de l'enfance, satisfait si, « après ce long
voyage à travers les sensations jusqu'aux confins
de la raison puérile », il a réussi à faire d'Émile
un être sensitif qui sache voir, entendre, toucher,
apprécier les distances, comparer des masses, des
poids... Voilà un cerisier fort haut. Comment fe-
rons-nous pour cueillir des cerises? L'échelle de la
grange voisine sera-t-elle bonne pour cela? Voilà
un ruisseau fort large : une des planches posées
dans la cour suffira-t-elle pour le traverser?...

Émile, qui plus tard maniera adroitement le rabot,
est de bonne heure habile à se servir de ses doigts.
Rousseau, qui ne nous dit guère comment il lui a
appris à écrire, ayant honte, dit-il, de s'occuper de
ces minuties, — et cependant la nature n'apprend
pas l'orthographe, — s'intéresse fort à l'étude du
dessin : « Les enfants, grands imitateurs, essaient
tous de dessiner. » Ce que Rousseau apprécie dans
ces essais, c'est moins, d'ailleurs, l'art du dessin pour
lui-même, que les profits qu'en retirera l'éducation

des sens et des organes du corps. La pratique du dessin rend l'œil plus juste, la main plus souple. Bien entendu, l'enfant ne dessinera que d'après nature ; il n'imitera pas des imitations ; il n'aura d'autres modèles que les objets. Ajoutons que toute idée de beauté est absente de cette première initiation à la représentation matérielle des choses. Rousseau ne songe pas à faire un artiste, non, mais un géomètre tout au plus ; et, s'il recommande le dessin, c'est moins pour qu'Émile imite les objets que pour qu'il les connaisse.

√ Les sensations préparent les idées. En percevant nettement les objets, Émile s'exerce peu à peu à juger, c'est-à-dire à en saisir les rapports. Mais ses premiers jugements seront rigoureusement confinés dans le domaine des connaissances sensibles. Il faut que l'enseignement lui vienne des choses mêmes, non des mots. « Ne tenez point à l'enfant des discours qu'il ne peut entendre. Point de descriptions, point d'éloquence, point de figures. Contentez-vous de lui présenter à propos les objets. Transformons nos sensations en idées, mais ne sautons pas tout de suite des objets sensibles aux objets intellectuels. ◁ Turgot avait déjà dit : « Je veux que les idées abstraites et générales viennent aux enfants, comme elles viennent aux hommes, par degrés, et en s'élevant depuis les idées sensibles jusqu'à elles. » — Procédons toujours lentement d'idée sensible en idée sensible. En général, ne substituons jamais le signe à la chose que quand il nous est impossible de la montrer. Je n'aime pas les explications et les discours. Les choses ? les choses ? Je ne répéterai jamais assez que nous donnons

trop de pouvoir aux mots; avec notre éducation
babillarde, nous ne faisons que des babillards... »

Il vient pourtant un moment où il faut se rési-
gner à employer les mots et les idées abstraites, à
étudier autre chose que les objets sensibles. Dans
le choix des études qu'il propose à Émile, Rousseau obéit à un principe, à un criterium unique,
celui de l'utilité. Ce grand rêveur est un utilitaire.
Certes, son programme est court : il est fait pour
déplaire à ceux qui réclament pour le jeune
homme l'éducation intégrale, le savoir universel.
Mais, dans ses tendances pratiques, il inaugure,
avec des lacunes, les programmes de l'instruction
réaliste qui s'imposera de plus en plus aux générations nouvelles. Rousseau pourrait bien être le
père de cet enseignement que nos contemporains
s'efforcent, non sans tâtonnements, d'établir et
d'organiser sous le beau titre d'enseignement
moderne. Le nom est trouvé : il s'en faut qu'on
ait encore réalisé la chose.

En tout cas, le but est désormais défini. Cette
vérité s'impose que l'éducation intellectuelle doit
être une préparation directe à la vie, et que le
système en usage est en partie mauvais, qu'il est
condamné à disparaître, pour cette raison qu'entre
les études trop spéculatives qu'il inflige à la jeunesse et les réalités de l'existence, entre la vie de
l'écolier et la destination de l'homme, il y a un
profond désaccord, ce que Taine appelait une
« disconvenance ». Déjà Gœthe disait, cinquante
ans d'ailleurs après Rousseau : « Tant de connaissances théoriques, tant de science, voilà ce qui
épuise nos jeunes gens au physique et au moral.

Il leur manque cette énergie physique et morale dont ils auraient besoin pour faire une entrée convenable dans le monde... »

Rousseau ne tient pas un autre langage. L'énergie physique, on a vu qu'il a voulu en doter Émile. De l'énergie morale il n'a pas un moindre souci. Ce philosophe, que l'on croyait perdu dans le pays des chimères, vous dira : « Quand je vois que, dans l'âge de la plus grande activité, l'on borne les jeunes gens à des études purement spéculatives, et qu'après, sans la moindre expérience, ils sont jetés dans le monde et les affaires, je trouve qu'on ne choque pas moins le monde que la nature ; et je ne suis pas surpris que si peu de gens sachent se conduire. Par quel bizarre tour d'esprit s'obstine-t-on à nous apprendre tant de choses inutiles, tandis que l' « art d'agir » est compté pour rien ? On prétend nous former pour la société, et l'on nous instruit comme si chacun de nous devait passer sa vie à penser seul dans une cellule... »

« L'art d'agir », n'est-ce pas le mot d'ordre de l'éducation de l'avenir ? Rousseau a le mérite de l'avoir prononcé, s'il n'a pas eu le talent de combiner les moyens qui peuvent en réaliser l'effet. On aurait quelque envie de lui répondre que ce n'est pas en élevant Émile dans la solitude, « comme s'il devait passer sa vie à penser seul » dans les champs, que l'on adapte un adolescent à la vie réelle de l'humanité. Mais qu'importe une incohérence de plus? Du moins Rousseau a compris qu'il fallait alléger l'instruction de toute la superfluité des études de luxe. Il ne le fait pas sans excès, d'ailleurs. Comment ne pas lui reprocher son mépris pour les vieilles études classiques, et notamment pour les langues anciennes, dont il ose dire qu'elles sont « une inutilité dans l'éducation ». Il a trop renié, comme éducateur, les sources littéraires où, comme penseur et comme écrivain, il s'était abreuvé pour former son génie. Les littérateurs protesteront, non sans raison, contre une aussi coupable infidélité, mais tous les hommes de bon sens le loueront d'avoir fait entendre que le but de l'éducation n'est pas d'entasser dans la mémoire des connaissances stériles ; qu'il est de former l'intelligence par une initiation discrète à un choix modéré d'études utiles, en préférant aux connaissances qui ne sont qu'un vain ornement de l'esprit celles qui le nourrissent, et qui d'avance l'exercent à l'action.

Émile a quinze ans : ses courtes études sont terminées. Il n'a pas appris grand'chose ; mais, et c'est là le grand point, il est apte à tout apprendre. Ne le prenons pas pour un savant : il ne doit pas l'être ; mais il a le goût de la science. Sa curiosité naturelle a été excitée. Selon le mot que Rousseau emprunte à Montaigne, il est, sinon instruit, du moins « instruisable ». Aucun préjugé n'a faussé son esprit ni altéré la justesse de son jugement. Il ne sait rien par autorité : il a tout appris par lui-même. On lui a enseigné moins les vérités que la méthode pour les découvrir. On lui a dit : « Cherchez », et il a trouvé. Et il continuera ainsi toute sa vie, sur la route de la science qu'on lui a montrée « longue, immense, lente à parcourir ».

Dans les méthodes d'instruction de Rousseau, nous distinguons deux tendances excellentes :

d'abord que, pour bien savoir ce qu'on apprend, il faut un effort personnel, une recherche, une sorte de découverte originale, et non simplement un travail de mémoire et d'acquisition machinale; en second lieu, que ce qui importe le plus, ce n'est pas le savoir acquis à la fin des études, le léger bagage de connaissances sur lequel à la sortie du collège on s'endort trop souvent; c'est le désir d'étendre ses connaissances et l'aptitude à en acquérir de nouvelles. Les rédacteurs des programmes surchargés et encyclopédiques de notre enseignement, avant de commencer leurs délibérations d'où sort presque toujours une nouvelle surcharge, même quand des projets de réduction sont à l'ordre du jour, devraient bien méditer et relire ce joli passage de l'*Émile* : « Quand je vois un homme épris de l'amour des connaissances se laisser séduire à leur charme, et courir de l'une à l'autre sans savoir s'arrêter, je crois voir un enfant sur le rivage, amassant des coquilles, commençant par s'en charger, puis, tenté par celles qu'il voit encore, en rejeter, en reprendre, jusqu'à ce que, accablé de leur multitude et ne sachant plus que choisir, il finisse par tout rejeter et retourne à vide... » N'est-ce pas la très ingénieuse et très exacte image de ce qu'est trop souvent l'écolier moderne, épuisé sous le fardeau de connaissances vaines, encombré de notions de toute espèce, dégoûté par des études fastidieuses, et finalement sortant du collège les mains à peu près vides? Rousseau se rattache ici à la grande tradition de la pédagogie française, tradition trop de fois violée dans nos plans d'études, celle qui veut,

comme disait Nicole, « qu'on ne se serve des
sciences que comme d'un instrument pour former
la raison » ; ce qui, bien entendu, ne s'applique aux
sciences qu'en tant qu'elles jouent un rôle dans
cette culture générale qui est le but de l'instruction secondaire.

Si maintenant nous examinons en détail le programme des études utilitaires que Rousseau propose à Émile, nous éprouverons plus d'une sur-
prise, soit à propos de ce qu'il y admet, soit pour ce
qu'il en élimine. Rousseau est le plus déconcertant,
le plus décevant des éducateurs. Ainsi, il proscrira
l'étude de l'histoire, et c'est un de ses paradoxes
les plus impatientants. En cela, il est, d'ailleurs,
logique avec lui-même. Puisqu'on doit « écarter
Émile des humains », comment ne pas lui interdire
la connaissance de ceux qui sont morts, autant que
le contact de ceux qui vivent? L'histoire est le
grand agent du développement de la conscience
sociale; or, dans sa première éducation, Émile
n'est qu'un individualiste, un parfait égoïste, qui n'a
pas de sentiments sociaux. On sait d'ailleurs quel
argument particulier Rousseau invoquait et faisait
valoir pour légitimer l'exclusion de l'histoire : l'impossibilité pour l'enfant de la comprendre. L'histoire lui serait aussi inaccessible que l'idée philosophique de Dieu : comme s'il n'y avait pas une
histoire pour les enfants, celle des descriptions et
des récits, celle de la biographie des grands
hommes. Heureusement, sur la question de l'histoire comme sur tant d'autres, Rousseau s'est
contredit, et pour redresser ses erreurs, ou cor-
riger ses paradoxes à demi volontaires, il suffit

d en appeler de Rousseau à Rousseau. Le législateur du gouvernement de Pologne ne parle plus du tout comme le théoricien de l'*Émile*. Loin de condamner l'étude de l'histoire, il en abuserait plutôt.

Dans une phrase, qui par son mouvement rappelle celle où Rabelais préconise l'étude des sciences naturelles, celle où Gargantua dit à son fils : « Je veulx qu'il n'y ait mer, riviere, ny fontaine, dont tu ne congnoisses les poissons ; tous les oyseaulx de l'aer, tous les arbres, arbustes des forestz, toutes les herbes de la terre ;... » Rousseau dit de même : « Je veux qu'en apprenant à lire le jeune Polonais lise des choses de son pays ; qu'à dix ans il en connaisse toutes les productions, à douze ans toutes les provinces, tous les chemins, toutes les villes, qu'à quinze ans il en sache toute l'histoire, à seize toutes les lois ; qu'il n'y ait pas eu dans toute la Pologne une belle action, ni un homme illustre, dont il n'ait la mémoire et le cœur pleins. » On ne saurait mieux préparer l'éducation du petit citoyen, du futur patriote. Remarquons pourtant que, dans sa rétractation, Rousseau ne va pas jusqu'au bout : il ne parle que de l'histoire nationale ; l'histoire générale de l'humanité ne l'intéresse pas et reste lettre close pour son élève. Frustré de la connaissance du monde moral, Émile en revanche sera nourri de la connaissance du monde matériel. L'étude de la nature doit primer tout le reste. N'est-ce pas ce que pensent aujourd'hui les éducateurs des États-Unis, qui font si grand cas de la science des réalités naturelles ? Ce qui étonne, c'est que, dans son programme, Rous-

seau inscrive au premier rang l'astronomie. C'est
elle qu'Auguste Comte mentionnera, lui aussi, la
première, dans son catalogue des sciences et dans
son plan d'éducation positive. Il est permis de se
demander pourquoi. Ce n'est pas l'utilité qui peut
la recommander. Émile voyagera, mais il n'est point
destiné à naviguer, et l'on ne voit point que la
connaissance des constellations et des astres puisse
jamais lui servir. Il est vraisemblable que ce qui a
déterminé Rousseau, c'est que l'astronomie, l'astronomie physique tout au moins, est une des
sciences qui se prête le mieux à l'application de la
méthode qui lui est chère, la méthode de l'observation sensible et directe des choses. Émile, qui ne
sait ce que c'est qu'une salle d'études ou un cabinet
de travail, étudie en plein air ; il contemple les
grands spectacles de la nature ; il réfléchit devant
le ciel étoilé.

C'est en vertu du même principe qu'à l'astronomie succèdent les sciences physiques et la géographie : toujours des études sensibles et concrètes,
celles où l'abstraction joue le moindre rôle. La
géographie, Émile l'apprendra sans cartes, dans
ses promenades, en présence des objets eux-
mêmes. « Pourquoi toutes ces représentations ?...
Je me souviens d'avoir vu quelque part une géographie qui commençait ainsi : « Qu'est-ce que le
monde ? — C'est un globe de carton... » Pour prévenir ces illusions, il n'y a pas d'autre moyen que de
présenter à l'enfant, non la figure artificielle des
choses, mais les choses elles-mêmes.

Des connaissances élémentaires d'astronomie,
de physique, de géographie, ce sera à peu près

tout jusqu'à quinze ans. Émile a-t-il appris la grammaire? Pas autrement que par l'usage de la langue maternelle, et en entendant parler son maître : « Parlez toujours correctement devant lui. » En tout cas, à cet âge, il ne sait encore rien de la littérature, soit ancienne, soit moderne. Poètes, prosateurs de tout ordre lui sont aussi inconnus que les historiens. Rousseau, avant Condorcet et tant d'autres, est déjà un adepte de l'éducation scientifique ; mais, dans la science même, il écarte tout ce qui est spéculation pure et généralité abstraite. Il reconnaît qu'il y a une chaîne de vérités générales par laquelle toutes les sciences tiennent à des principes communs et se développent successivement. Mais « ce n'est point de celle-là qu'il s'agit » dans la formation de l'esprit. « Il y en a une toute différente, par laquelle un objet particulier en attire un autre et montre toujours celui qui le suit. Cet ordre qui nourrit par une curiosité continuelle l'attention qu'exigent tous les objets est celui que suivent la plupart des hommes, et surtout celui qui convient aux enfants. » Ainsi, dans l'étude de la physique, on s'arrangera de façon que toutes les expériences se lient l'une à l'autre par une sorte de déduction, afin qu'à l'aide de cette liaison les enfants puissent les placer par ordre dans leur esprit et se les rappeler au besoin. Mais il n'est question en tout cela que d'un ordre matériel établi entre des vérités sensibles. Rousseau subordonne aux sens même le raisonnement et l'enchaînement des idées. Et c'est pour cette raison sans doute que les mathématiques ne figurent pas au programme de Rousseau.

4.

Émile, à qui il est interdit de lire même les *Fables*
de La Fontaine, sous prétexte qu'il ne les com-
prendrait pas, semble n'avoir pas appris davantage
les règles de l'arithmétique... Décidément, son
instruction est insuffisante et bornée. Rousseau
n'a pas connu cette sainte horreur de l'ignorance
qui caractérisera les éducateurs de l'avenir :
« L'ignorance, dit-il, n'a jamais fait de mal ; c'est
l'erreur seule qui est pernicieuse. » L'éducation a
autrement d'importance que l'instruction. « Nous
aimons mieux que les hommes soient bons que
savants. »

Rousseau est plus heureusement inspiré dans
l'éducation de la volonté que dans celle de l'esprit.
Malgré les apparences, et malgré la présence
continue d'un tuteur dont la surveillance ne semble
pas précisément favorable au développement de
l'individualité, c'est bien dans la liberté qu'est
élevé Émile. Certes, nous ne l'oublions pas, ce qui
a le plus manqué à Rousseau, c'est le caractère,
c'est l'énergie. Il n'a jamais su vaincre une tenta-
tion. « Agir contre mon penchant m'a toujours été
impossible. » Toute sa vie, il a été le jouet des circonstances, la victime de ses passions. Mais il n'en
a été que plus disposé à souhaiter pour Émile une
éducation meilleure que celle dont il avait souffert
lui-même, une éducation qui habitue l'enfant à se
conduire par ses propres forces, pour tout dire, une
éducation de « self-government » « Il faut laisser
l'enfant à lui-même, pour le corps comme pour
l'esprit. Le bien-être de la liberté rachète beaucoup de blessures. »

En émancipant l'enfant, Rousseau se propose

d'abord de le rendre heureux, heureux tout de
suite ; car le pauvre petit peut mourir jeune, et il
ne faut pas qu'il meure sans avoir goûté la vie. Or
le bonheur de l'enfant, comme celui de l'homme,
consiste dans l'usage de la liberté. Rousseau a
aimé sincèrement l'enfance. Dans tout ce qu'il a
recommandé de sage sur les soins à donner au
premier âge, on découvre une inspiration de
tendresse presque inconnue jusqu'à lui, un vif
sentiment de pitié pour ces frêles créatures qu'il
s'agit avant tout de faire vivre. Que de choses
délicates n'a-t-il pas écrites sur l'enfant ! Que de
trésors d'affection inemployée chez ce père coupable ! « La nature a fait les enfants pour être
aimés et secourus... Ne semble-t-il pas que l'enfant
ne montre une figure si douce et un air si touchant
qu'afin que tout ce qui l'approche s'intéresse à sa
faiblesse et s'empresse de lui venir en aide? » Les
instituteurs de tous les temps auront à s'inspirer
d'avis tels que ceux-ci : « Si vous n'ouvrez pas
votre cœur, celui des autres vous restera fermé. Ce
sont vos soins, ce sont vos affections qu'il faut
donner. »

Mais par delà le présent de l'enfant, et la joie de
vivre qu'il veut lui garantir tout de suite, Rousseau
a considéré aussi l'avenir, et les nécessités de la
vie sociale. Par l'indépendance qu'il lui concède, et
cela dès le berceau, quand il supprime l'emprison-
nement du maillot; comme plus tard, dans les
années d'adolescence, quand il fait la guerre aux
prohibitions ou aux injonctions verbales, afin de
mettre à la place la seule instruction des faits et
les leçons vivantes de l'exemple : — « L'exemple,

l'exemple! sans cela jamais on ne réussit à rien avec les enfants; » — quand il fait appel enfin à tout ce qu'il y a de spontané dans l'intelligence, de personnel dans la volonté de son élève, il est évident qu'il veut ainsi former des hommes plus forts physiquement, plus vigoureux moralement, plus maîtres de leurs actions, que n'étaient préparés à le devenir, dans la sévérité de leur vie cloîtrée, les écoliers des collèges de l'ancien régime, et que ne le sont même aujourd'hui, malgré tant de progrès accomplis, les élèves de nos lycées modernes.

Remarquez d'ailleurs que l'éducation d'Émile n'est nullement une éducation de complaisance et de mollesse énervante: on le soumet à un régime plutôt austère. Sa chambre ne se distingue pas de celle d'un paysan. Et si Rousseau a fait luire dans sa vie un rayon de joie par la liberté qu'il lui accorde, il veut aussi que l'enfant sache souffrir: Émile sortira de la souffrance plus fort. Souffrir est la première chose qu'il doive apprendre. D'abord, on l'aura ainsi armé de bonne heure contre les maux que lui réserve l'existence. Mais il aura appris aussi à compâtir aux maux des autres.

L'homme est un apprenti, la douleur est son maître.

Avant Musset, Rousseau avait dit dans sa belle prose: « L'homme qui ne connaîtrait pas la douleur ne connaîtrait ni l'attendrissement de l'humanité, ni la douceur de la commisération. »

Malgré l'espèce de séquestration antisociale que Rousseau a imposée à Émile pendant quinze ans, il ne faudrait pas s'imaginer qu'il ait renoncé à en

faire un peu plus tard un être sensible et aimant.
Même enfant, il faut lui montrer « les malheureux
de ce monde ». L'esprit de fraternité déborde dans
l'âme généreuse de Rousseau : « Déclarez-vous
hautement le protecteur des malheureux. Soyez
juste, humain, bienfaisant. Ne faites pas seulement
l'aumône, faites la charité. » Rousseau tend la
main aux socialistes modernes. Notez, par exemple,
cette réflexion hardie : « Quand les pauvres ont
bien voulu qu'il y eût des riches, les riches ont
promis de nourrir tous ceux qui n'auraient de quoi
vivre, ni par leurs biens, ni par leur travail. »
Parvenu à l'âge d'homme, Émile emploie une
partie de son temps à faire du bien autour de lui.
Amoureux, il ne se laisse point absorber par
l'unique pensée de Sophie. Il interrompt ses
amours de fiancé pour agir en vrai philanthrope.
Il parcourt la campagne ; il examine les terres,
leurs productions, leur culture ; il laboure lui-même
à l'occasion. Il utilise au profit des cultivateurs ses
connaissances en histoire naturelle ; il leur enseigne
des méthodes meilleures. Il visite les maisons des
paysans ; et, après s'être enquis de leurs besoins,
il les aide de sa personne et de son argent. Un
paysan est-il tombé malade? Il le fait soigner ; il le
soigne lui-même. Médecine peu compliquée d'ailleurs, telle que pouvait l'admettre un ennemi des
médecins, et qui consistera surtout en une nourriture plus substantielle. Il associe sa future femme à
ces œuvres de bonté : il la conduit chez les pauvres
gens, chez un ouvrier qui s'est cassé la jambe,
et dont la femme est sur le point d'accoucher.
Et « de sa main douce et légère » Sophie panse

le blessé : elle le sert, elle le plaint, elle le console.

Rousseau était du peuple par sa naissance et ses origines. Il en est resté par la simplicité de ses goûts, vivant comme un ouvrier, aimant à fréquenter les humbles, bien qu'il n'ait pas non plus dédaigné, à ses heures, les politesses des grands seigneurs, et qu'il n'ait pas été insensible aux caresses des grandes dames. Est-ce à dire que, dans ses projets d'éducation, il ait directement travaillé pour le peuple et pour l'instruction du peuple? Non. Émile, s'il n'est pas gentilhomme comme l'élève de Locke, est du moins un petit bourgeois, riche et de bonne naissance. Mais par ce fait qu'il a éliminé les langues anciennes et toutes les études coûteuses, qu'il a remplacé l'éducation « livresque » par la culture simple et naturelle des aptitudes que toute créature humaine apporte en naissant dans ce monde, Rousseau a suggéré l'idée de l'émancipation universelle des intelligences ; il a inspiré l'idée démocratique de la généralisation de l'instruction. Il ne voulait pas de l'éducation « façonnière » des riches, de ce qu'il appelait encore l'éducation « exclusive », qui tend seulement à distinguer du peuple ceux qui l'ont reçue. Au surplus, le but étant de faire, non des savants, mais des hommes, le pauvre, à vrai dire, « n'aurait pas besoin d'éducation ». Affranchi, dans sa vie de travail, de toutes les conventions mondaines, soumis aux seules lois de la nature, « un pauvre peut de lui-même devenir un homme ».

Rousseau, — et on le lui a sévèrement reproché, — a voulu former, non l'homme de telle ou telle condition, d'une profession déterminée, mais l'homme tout court. Il a trop songé, dit Taine, à « l'homme en soi », pas assez à l'homme réel, tel que le font les circonstances de lieu et de temps, et tel que l'éducation doit l'élever pour l'approprier à sa destination. « Qu'on destine mon élève à l'épée, au barreau, à l'Église, peu m'importe : avant la vocation des parents, la nature l'appelle à la vie humaine : vivre est le métier que je veux lui apprendre. En sortant de mes mains, il ne sera, j'en conviens, ni magistrat, ni soldat, ni prêtre : il sera premièrement homme. Tout ce qu'un homme doit être, il saura l'être. » Louons Rousseau d'avoir rappelé à l'homme qu'il a une destinée personnelle, qu'avant tout il doit, s'il le peut, établir et affermir en lui les principes de la dignité humaine. Mais blâmons-le de s'être trop cantonné dans l'absolu, sans se préoccuper des contingences, des conditions relatives, qui veulent que sur la tige commune l'individu greffe le rameau des connaissances spéciales, celles qu'exige, pour qu'on la tienne dignement, la fonction qui l'attend dans la vie. Il n'a pas suffisamment réfléchi à cette vérité, qui s'impose de plus en plus, que l'éducation devra se diversifier, se spécialiser sous vingt formes, pour se conformer à la variété des exigences du travail social, non moins que pour répondre à la multiplicité des aptitudes individuelles. Rousseau a commis une erreur analogue à celle des éducateurs religieux qui, oubliant la vie présente et ne songeant qu'à la vie future, — la seule qui ait du prix à leurs yeux, — n'aspirent qu'à élever une créature vertueuse et pure pour les félicités de la vie éternelle. Le philosophe de la nature et de l'humanité idéale rejoint, sans qu'il s'en doute, les mystiques constructeurs de la Cité de Dieu. Arrivé au bout de son éducation « une et indivisible », Émile sera peut-être l'homme type ; mais ne lui demandez pas d'être un ingénieur, un médecin, un juriste. A quoi donc sera-t-il bon dans la société, puisqu'il n'y apportera d'autre connaissance spéciale que celle de son métier de menuisier ?

Il est bien qu'Émile ait appris un métier manuel ; il est bien qu'il soit « propre à toutes les conditions humaines » ; mais cela ne gâterait peut-être rien qu'il y joignît la préparation professionnelle à l'une des fonctions auxquelles la société appelle les hommes.

Par moments pourtant, l'esprit pratique se réveille chez Rousseau et prend timidement sa revanche. Après qu'il a fiancé Émile à Sophie, il l'oblige à se séparer d'elle pour voyager à l'étranger pendant deux ans. Par une contradiction nouvelle, Rousseau qui a refusé si longtemps à Émile d'entrer en contact avec ses propres compatriotes, qui ne l'a introduit dans le monde qu'à vingt ans, élargit maintenant le cercle de ses relations sociales jusqu'à vouloir qu'il se mette en rapports avec les hommes des autres pays. Les voyages, dit-il, font partie de l'éducation : voyages, non d'agrément, d'ailleurs, mais d'instruction et d'études, sorte de « stage scolaire » à l'étranger. Il est nécessaire qu'Émile connaisse le génie et les mœurs des nations étrangères : ce n'était vraiment pas la peine de prohiber si longtemps la lecture des livres d'histoire ! Il est vrai que les livres ne valent rien. C'est par ses yeux qu'Émile doit voir les choses d

l'étranger, comme toutes choses. Rousseau n'aban-
donne jamais la méthode de l'observation directe.
A l'en croire, les Français seraient, de tous les
peuples du monde, celui qui voyagerait le plus.
Était-ce exact en 1762? Nous en doutons. Il est
fâcheux, en tout cas, que cela ne soit plus vrai
de nos jours. Émile voyagera donc. Pour qu'au
cours de ses pérégrinations il ne soit pas détourné
et diverti des objets sérieux de ses observations,
Rousseau a eu soin de le rendre amoureux avant
son départ : il compte que l'amour juré à Sophie le
préservera de toute dissipation, le mettra à l'abri
des passions et des vices dans les grandes villes
qu'il visitera. Il se consacrera tout entier à ses
observations, qui ne porteront pas, d'ailleurs, sur
les monuments, sur les antiquités, sur les vestiges
et les ruines du passé. Cela n'a point d'intérêt. C'est
le présent qu'il faut connaître. Émile ne sera pas
un archéologue. C'est aux questions de gouvernement, aux coutumes et aux lois, qu'il appliquera
surtout son attention. Il fera sur place des études
de politique et de législation comparée. Et quand il
reviendra dans son pays natal, il pourra utilement
examiner, pour les apprécier par comparaison, les
institutions de la France. Peut-être les jugera-t-il
inférieures et mauvaises, et concevra-t-il, par conséquent, l'ambition de contribuer à les réformer.
Peut-être, au contraire, ce cosmopolite de quelques
mois sera-t-il devenu un patriote plus fervent,
d'autant plus attaché à sa propre patrie qu'il sera
mieux instruit des vices et des maux dont souffrent
les autres patries.

N'en doutons pas, si Rousseau eût vécu de nos

jours, il aurait joint ses objurgations éloquentes à
celles des éducateurs contemporains qui enjoignent
aux jeunes Français de se faire colonisateurs.
Ce n'était pas le moment d'y penser, en 1762,
lorsque, par la faute de la monarchie, la France
allait être dépossédée de son magnifique empire
colonial.

Le point le plus important, dans les résultats des
voyages d'Émile, c'est qu'il y aura appris « deux
ou trois langues étrangères ». Rousseau ne lui a
pas donné beaucoup de temps pour cela : les difficultés d'exécution, on le sait, ne l'inquiètent pas.
On ne voit guère comment Émile, qui n'a encore
étudié aucune langue étrangère, vivante ou morte,
pourra si rapidement apprendre l'allemand et l'anglais. Qu'importe ? L'essentiel, c'est qu'ici encore
Rousseau ait indiqué le but, qu'il ait signalé
l'importance de l'étude des langues vivantes. De
plus, au cours de ses voyages, Émile aura pris soin
de nouer des relations avec des étrangers de
mérite, de sorte que, rentré chez lui, il continuera
à correspondre avec eux. Ce commerce de lettres,
qui se prolongera toute la vie, élèvera sa pensée et
ses sentiments au-dessus des préjugés nationaux,
et fera de lui le citoyen du monde. Rousseau a
ainsi préparé les voies aux éducateurs modernes
qui n'admettent pas que les Français se confinent
dans la contemplation béate d'eux-mêmes, et qui
les convient à avoir vus sur le dehors, en se mêlant
à la vie universelle de l'humanité.

V

Émile est l'homme parfait : pour qu'elle mérite de s'unir à lui, Sophie doit être la femme idéale. Mais il s'en faut que Rousseau ait réussi dans cette seconde partie de sa tâche, et l'éducation de la femme, telle qu'il nous l'expose, est certainement plus mal comprise que celle de l'homme.

C'est pourtant avec un soin particulier que Rousseau a écrit le cinquième livre de l'*Émile*, presque tout entier consacré à l'éducation féminine. Il le composa, dit-il, « dans une perpétuelle extase », — il était alors l'hôte de la maréchale de Luxembourg, à Montmorency, — « au milieu des bois et des eaux, au concert d'oiseaux de toute espèce, au parfum des fleurs d'orangers » ; et il attribue en partie « le coloris assez frais » de ces pages, plus poétiques que philosophiques, aux agréables impressions qu'il ressentait dans ce paradis terrestre. Mais il y vivait avec sa Thérèse : — mauvaise compagnie, mauvais modèle, pour l'aider dans la conception de la femme instruite. Il fréquentait au château ; il recevait les visites de dames brillantes et titrées : — mauvaise fréquentation peut-être pour concevoir l'image de la femme simple et forte, dont il voulait tracer l'image. Et le milieu matériel lui-même, le délicieux séjour de Mont-Louis excitait plus à la rêverie qu'à l'analyse.

Le livre de *Sophie* n'est qu'une agréable idylle. Le poète, le romancier y prend définitivement le dessus. De toutes les choses que Rousseau ignore, a dit Saint-Marc Girardin, c'est la femme qu'il ignore le plus. Il en a méconnu en tout cas certaines délicatesses, la noble dignité, la pure élévation morale. Il a pour elle plus de tendresse, d'adoration amoureuse, que de vrai respect et d'estime. Jusque dans les descriptions les plus délicates qu'il nous fera de son héroïne, au physique comme au moral, on retrouvera toujours je ne sais quel vague appétit sensuel, le ressouvenir des femmes vulgaires ou des femmes mondaines, coquettes et artificieuses, qu'il avait connues et aimées.

Sophie, d'ailleurs, n'est pas tout à fait un être imaginaire. En retraçant les traits de sa physionomie, Rousseau déclare avoir eu devant les yeux un modèle réel. Sophie aurait existé. Le nom seul serait de son invention. Morte au printemps de sa vie, il n'aurait fait que la « ressusciter », pour faire de « cette aimable fille » la compagne d'Émile. Histoire dramatique et touchante : à vingt ans, ayant lu le *Télémaque*, la Sophie réelle se serait éprise du héros de Fénelon, et, ne réussissant pas à trouver dans le monde un jeune homme qui lui ressemblât, elle serait morte d'amour non satisfait, de langueur et de désespoir ; et Fénelon se trouverait ainsi responsable de la mort d'une jeune fille... Comment Rousseau n'a-t-il pas été averti par cet événement tragique de la vie réelle que sa Sophie, elle aussi, à l'image de l'autre, est trop sensible et trop romanesque ? Il est vrai que, par un remords tardif, il semble avoir eu conscience de la vanité de ses efforts, et souligné lui-même l'insuffisance, l'inefficacité de son plan d'éducation féminine, lorsque par une ironie bizarre, dans le *Roman des Solitaires*, il nous montre la vertueuse Sophie devenue épouse infidèle, elle qui pourtant ne voyait que « misère, abandon, malheur, opprobre, ignominie » dans l'inconduite des femmes.

Entre l'éducation d'Émile et celle de Sophie, il y a plus qu'un contraste, il y a un abîme. Rousseau a affranchi Émile : il asservit Sophie. Autant il s'est montré hardi dans ses vues sur l'« institution » des hommes, autant il est timide, arriéré et conservateur, dans ses idées sur l'éducation des femmes. L'apôtre de l'individualisme va renier sa doctrine. Il subordonne la femme à l'homme ; il en fait une humble sujette qui ne vaut qu'en tant qu'elle sert au bonheur de son mari. Il l'enferme étroitement dans ses devoirs de fille, d'épouse et de mère. S'il la convie éloquemment à remplir ses obligations d'éducatrice, il oublie de lui fournir, par une instruction assez largement développée, les moyens de s'acquitter dignement de cette grande mission. Enfin, il ne paraît pas se douter que la femme, elle aussi, a droit à devenir une personne, qu'elle aspire légitimement à étendre ses connaissances, à développer ses facultés, afin que, dans son intelligence éclairée, dans sa raison émancipée, elle soit vraiment l'égale de l'homme et, elle aussi, la « femme en soi ».

La maxime de Rousseau, c'est que la femme doit obéir à l'homme, que son existence est, pour ainsi dire, conditionnée à celle de l'homme. Écoutez ces redites perpétuelles qui, comme un

refrain monotone, reviennent à toutes les pages :
« Toute l'éducation des femmes doit être relative
aux hommes... La femme est spécialement faite
pour plaire aux hommes, leur être utile, se faire
aimer et honorer d'eux, les élever jeunes, les
soigner grands, les conseiller, les consoler, leur
rendre la vie agréable et douce : voilà les devoirs
des femmes dans tous les temps, et ce qu'on doit
leur apprendre dès leur enfance... Il faut dompter
toutes leurs fantaisies pour les soumettre aux volontés d'autrui... La dépendance est l'état naturel de
la femme... La femme est faite pour être toute
sa vie assujettie aux hommes et au jugement des
hommes... Il est dans l'ordre de la nature que la
femme obéisse à l'homme... Elle est faite pour céder
à l'homme et supporter même son injustice... »
    Il n'est donc pas question d'élever Sophie pour
elle-même. Rousseau au fond n'admet pas l'égalité
des sexes. Il dira de la femme qu'elle est « un
homme imparfait », qu'à bien des égards elle n'est
qu'« un grand enfant ». Je sais bien que Rousseau,
avec son inconsistance ordinaire, se dément dans
d'autres passages : « Il ne faut pas, dira-t-il, poser la
question de supériorité : tout se réduit à des différences... Chaque sexe a des qualités appropriées à
sa destinée, à son rôle dans la vie... C'est peut-
être une des merveilles de la nature d'avoir fait
deux êtres si semblables, en les constituant si
différemment... » Mais il insiste sur ces différences : « Il est démontré que l'homme et la
femme ne sont constitués de même, ni pour
le tempérament, ni pour le caractère. » A force
de parler de différences, n'en vient-on pas à

compromettre singulièrement l'idée de l'égalité?

Quel est donc, d'après Rousseau, le caractère, le tempérament propre de la femme? Il nous l'expose par deux fois : d'abord un peu lourdement dans les longues pages de philosophie générale qui ouvrent le cinquième livre de l'*Émile* et qui sont une sorte d'esquisse de psychologie féminine ; ensuite, avec un charme tout poétique, lorsque, faisant trêve aux considérations abstraites, il lève le rideau, pour faire apparaître Sophie dans sa grâce et dans sa beauté.

La femme est faible. Elle est passionnée : « Si elle affecte de ne pouvoir supporter les plus légers fardeaux, ce n'est pas seulement pour paraître délicate, c'est pour se ménager des excuses et le droit d'être faible au besoin. » Son cœur se nourrit de désirs d'amour illimités : il est vrai que, pour les contre-balancer et les contenir, « l'Être Suprême y a joint la pudeur ». Sophie, comme toutes les femmes, est coquette par état. Elle aime la parure, presque en naissant. Elle n'est point fâchée de laisser voir « sa jambe fine ». Elle est curieuse, trop curieuse. Elle est rusée, et il faut qu'elle le soit, pour compenser ce qui lui manque de force. « Vous me dites que la petite Sophie est très rusée », écrivait Rousseau au prince de Wirtemberg, « tant mieux !.. » La ruse est un talent naturel, et tout ce qui est naturel est « bon et droit ». Il faut donc cultiver l'instinct de ruse : Rousseau veut bien accorder pourtant qu'il convient d'« en prévenir l'abus ». Sophie est bavarde. Elle est impérieuse. Elle est gourmande naturellement : — ici Rousseau oublie que les instincts primitifs, à son dire, sont tous excellents. La doctrine de la bonté originelle ne s'appliquerait-elle pas à la femme autant qu'à l'homme? Sophie est sobre, mais elle l'est devenue...

Voilà pour les défauts, et nous abrégeons. Le portrait n'est point flatté. Voyons maintenant la contre-partie : le bien, les qualités. La femme est plus docile que l'homme. Elle a plus de finesse. Elle lit plus couramment que lui dans le livre du cœur humain. Sa passion dominante est la vertu. Notons d'ailleurs qu'on ne sait jamais si Rousseau entend parler de la femme en général, ou de la créature d'exception qu'il a personnifiée en Sophie. Son premier bonheur est de faire celui de ses parents. Elle sera chaste et honnête jusqu'à son dernier soupir : ici il s'agit évidemment de la femme idéale, celle dont il dit : « La femme vertueuse est presque égale aux anges !... »

Mais la femme, en général, n'est pas égale à l'homme. Être charmant que Rousseau idolâtre, il ne l'en rive pas moins à la condition subalterne de son rôle de cadette et d'inférieure dans la famille humaine. Ses qualités naturelles, bonnes ou mauvaises, il faut les respecter. Ses défauts même, il semble que Rousseau ne veuille pas qu'on l'en corrige, parce qu'ils l'aident peut-être à charmer les hommes. La femme doit rester femme. Ce serait folie de vouloir cultiver en elle les qualités de l'homme. Rousseau, qui, sur tant d'autres points, a devancé les tendances et les nouveautés de l'esprit moderne, ne saurait passer en aucune façon pour un adepte de ce qu'on appelle aujourd'hui le « féminisme ». Rien ne l'au-

rait plus choqué que la prétention de confondre
et d'assimiler les deux sexes dans les mêmes habitudes, dans les mêmes fonctions. Modeler l'éducation et la vie de la femme sur celles de l'homme
lui aurait paru une aberration, une usurpation
des droits du sexe fort, et, en un autre sens, une
profanation.

C'est particulièrement quand il considère les
facultés intellectuelles des femmes que Rousseau
se montre injuste envers elles. Il reconnaît qu'elles
ont le jugement plus tôt formé, mais il prétend
qu'elles se laissent vite distancer. Elles n'ont pas
assez de justesse d'esprit et d'attention pour réussir
aux sciences exactes : — soit dit en passant, on ne
voit pas qu'Émile non plus y ait été exercé. — Tout
ce qui tend à généraliser les idées n'est pas de leur
ressort. Toutes leurs réflexions doivent tendre à
l'étude des hommes, ou aux connaissances agréables qui ont le « goût » pour objet. La recherche des
vérités abstraites ne leur convient point. Donc pas
de femme philosophe, pas de femme mathémati-
cienne : Rousseau eût interdit à une autre Sophie,
à Sophie Germain, le droit d'exister. Les ouvrages
de génie passent leur portée. N'est-il pas vrai
pourtant que, comme auteur de romans, George
Sand, pour ne citer qu'elle, a bien quelque génie,
au moins autant que Rousseau?... Bref, les études
féminines doivent se rapporter exclusivement aux
choses pratiques, et Rousseau redirait volontiers
après Molière :

Il n'est pas bien honnête, et pour beaucoup de causes,
Qu'une femme étudie et sache tant de choses...

5.

L'instruction de Sophie sera donc des plus
bornées. Il n'en pouvait être autrement dans un
système qui, d'une part, rabaisse la destination de
la femme, qui, d'autre part, déprécie son intelligence et ses forces. Comment lui demander d'acquérir des connaissances qui lui seront inutiles
dans son rôle d'humble subordination, ou d'entre-
prendre des études qui dépassent la portée de
son esprit? Dans sa bibliothèque, Rousseau ne
place que deux livres, le *Télémaque*, — et celui-là
même est de trop, s'il est vrai, comme Rousseau
nous l'a conté, qu'il exalte l'imagination des jeunes
filles, — et les *Comptes faits* de Barrême. Sophie
doit s'entendre à merveille à tenir les comptes
du ménage. Il faut qu'elle soit une vraie maîtresse
de maison, qui connaisse le prix des denrées, qui
surveille ses domestiques, telle que Xénophon
imaginait déjà la femme d'Ischomaque.

Ce que Sophie a appris surtout dans sa jeunesse, ce sont les ouvrages à l'aiguille : elle
coud, elle brode. La femme d'Émile, ouvrier à ses
heures, ne saurait négliger les travaux manuels.
Rousseau a senti l'importance de ce que nous
appelons aujourd'hui l' « éducation ménagère ».
Sophie taille et confectionne elle-même ses robes.
Ce qu'elle préfère, il est vrai, c'est la dentelle.
Pourquoi? C'est que, de tous les travaux à l'aiguille, il n'y en a point qui « donne une attitude
plus agréable ». Sophie reste un peu coquette,
même dans ses occupations de ménage. Rousseau
veut — faut-il l'en blâmer? — que la femme soit
toujours gracieuse et élégante, qu'elle mette de
la grâce dans tout ce qu'elle fait. Rien ne doit

altérer le charme de sa tenue, même quand elle fait la cuisine. Un peu « damerette », Sophie laisse plutôt le dîner aller au feu que de tacher sa manchette. Émile, qui ce soir-là dînera mal, se consolera-t-il en admirant la propreté immaculée de la toilette de Sophie? Il y a, avouons-le, quelque chose de mièvre et de trop délicatement raffiné dans l'éducation de cette jeune femme qui, par exemple, n'aime pas les travaux de jardinage, pour ce motif que « la terre lui paraît malpropre ».

Sophie cultive les arts d'agrément, moins pour son avantage personnel que pour contribuer plus tard à l'amusement de son mari. Elle a une jolie voix, elle chante : elle aime la musique, elle joue. Elle sait danser. Mais, sous tous les autres rapports, elle est décidément une ignorante. On lui a enseigné un peu d'arithmétique, — ce qu'il en faut pour faire les additions des dépenses du ménage : « Peut-être les femmes doivent-elles avant tout apprendre à chiffrer », selon la méthode naturelle d'ailleurs : « La petite fille se sera facilement décidée à apprendre le calcul, si l'on a eu soin de ne lui donner les cerises de son goûter qu'à la condition de les compter. » Mais les lettres, la poésie, l'histoire, elle n'en connaîtra rien. Les bas-bleus sont un fléau. « Toute fille lettrée restera fille toute sa vie, quand il n'y aura que des hommes sensés sur la terre. » Rousseau n'eût certes pas applaudi à la création des lycées de filles, ni même à celle des écoles primaires. « Les femmes n'ont pas de collèges : grand malheur?... Et plût à Dieu qu'il n'y en eût pas pour les garçons?... »

Quelque insuffisante que nous ait paru l'instruction d'Émile, celle de Sophie restera encore bien
au-dessous. Elle n'est en aucune façon la femme
éclairée, dont l'action serait nécessaire pour la
régénération de la famille et de la société. Rousseau, bien qu'il détestât Paris, en a fait une Pari-
sienne frivole, qui sera dans la maison une grâce
plutôt qu'une force, un joujou charmant, un article
de mode.

Ce n'est pas seulement par son instruction insuffisante, qui se réduit presque à rien, que Sophie
différera d'Émile : c'est aussi par l'ensemble de
son éducation. Le système de l'éducation de la
femme doit être contraire à celui de l'éducation
de l'homme. Émile ne fait son entrée dans le
monde que vers la vingtième année : Sophie y est
admise de très bonne heure. Avant de devenir
épouse et mère, il faut qu'elle connaisse la société
et la vie. A l'inverse des mœurs ordinaires qui
tiennent la jeune fille presque cloîtrée et qui lan-
cent la femme dans le tourbillon de la vie mondaine, Rousseau veut que Sophie fréquente les
bals, les spectacles, les soupers, en compagnie de
sa mère, bien entendu ; mais qu'une fois mariée elle
s'enferme dans la paix de la vie domestique. Il
y a là une inspiration toute nouvelle, un plan
d'éducation à l'anglaise ou à l'américaine. Si l'on
fait voir le monde à Sophie, c'est, d'ailleurs, pour
lui en faire sentir le vide et les vices, et l'en dé-
goûter à jamais. Est-il bien certain que cette
émancipation précoce donnera les résultats qu'en
attend Rousseau? Louons-le cependant d'avoir
fait entrer des éléments de gaieté, de bonne

humeur et de liberté, dans la vie de la jeune fille. Sophie sera enjouée, « folâtre » ; elle ne doit pas vivre « comme une grand'mère ».

Autre différence : on parlera de religion à Sophie dès les premières années de son enfance. La raison que Rousseau en donne est précisément celle que nous lui opposions, quand il retardait pour Émile cet enseignement religieux qu'il avance pour Sophie. S'il fallait attendre que la femme fût en état de concevoir une véritable idée de la religion, « de discuter méthodiquement ces questions profondes, on courrait risque de ne lui en parler jamais ». Il n'y a donc là qu'une preuve nouvelle de la médiocre estime que Rousseau professe pour l'intelligence féminine. Soumise au jugement des autres, Sophie acceptera aveuglément la religion de sa mère. « Toute fille doit avoir la religion de sa mère, et toute femme celle de son mari. » L'opinion, l'autorité, si hardiment expulsées de l'éducation d'Émile, redeviennent les souveraines maîtresses quand il s'agit de Sophie. « L'opinion, dit emphatiquement Rousseau, est le tombeau de la vertu parmi les hommes, et son trône parmi les femmes » : ce qui veut dire que les femmes, dans leurs croyances comme dans leur conduite, sont les tributaires de l'opinion des autres. La religion des femmes sera d'ailleurs enfermée « dans le cercle étroit des dogmes qui tiennent à la morale ». Elle sera simple et raisonnable ; — « raisonnable » était déjà le mot de Mme de Maintenon. — « Persuadez-lui bien qu'il n'y a rien d'utile à savoir que ce qui nous apprer ' à bien faire. Ne faites pas de vos filles des théologiennes et des raisonneuses ; ne leur apprenez des choses du ciel que ce qui sert à la sagesse humaine... » Ce qu'il y a d'essentiel dans la religion, c'est la morale, et on sert Dieu en faisant le bien.

Par moments Rousseau hésite, et, sans renoncer à maintenir la femme dans son état de subordination, il paraît s'apercevoir que, pour être épouse et mère, Sophie aurait besoin d'être un peu plus instruite. « Il n'y a, dit-il, que deux classes dans l'humanité : ceux qui pensent et ceux qui ne pensent point. » Et guidant Émile dans le choix d'une épouse, il l'engage à écarter toute considération de fortune, de rang dans le monde, — « à prendre pour femme même la fille du bourreau, tant il faut peu se soucier de la condition ». Ce qui importe, c'est que la femme pense, qu'elle sache élever ses enfants, qu'elle puisse vivre en communion d'idées avec son mari. Mais alors, n'est-il pas évident qu'il eût été indispensable de lui ménager une instruction plus large et plus approfondie ? « C'est le mari, répond Rousseau, qui lui apprendra tout, qui fera son instruction... » J'admets qu'il la complétera, qu'il l'étendra, mais à une condition, c'est que, jeune fille, elle ait déjà été initiée aux choses de l'esprit. Qu'on lui interdise la lecture des romans, — « jamais fille chaste n'a lu de roman », — cela est déjà bien sévère ; mais comment admettre qu'elle n'ait jamais eu entre les mains un livre sérieux, que la littérature lui soit aussi étrangère que la science, la « fatale science » ? C'est pourtant bien la conclusion de Rousseau, qui semblait craindre qu'en instruisant la femme on la rendît l'égale de l'homme, et qu'on ne « transportât ainsi à la femme la primauté que la nature donne au mari ».

Il est vrai que Rousseau, s'il humilie la femme d'un côté, l'exalte de l'autre. « Les femmes, dit-il, ont un talent surnaturel pour gouverner les hommes... » Mais ce prétendu talent surnaturel n'est pas autre chose que leur grâce, leur beauté, et, pour tout dire, le pouvoir très naturel qu'elles exercent sur les sens de l'homme. « Les meilleurs ménages, dit-il encore, sont ceux où la femme a le plus d'autorité. » Oui, mais dans ses théories, cette autorité n'est pas celle d'une intelligence cultivée, d'une raison éprouvée : c'est simplement un empire fondé sur la gentillesse, consacré par les petits moyens que suggère à la femme son adresse ou sa douceur. C'est par des caresses que Sophie commande, c'est par des pleurs qu'elle menace. Le père de Mᵐᵉ Roland, discutant un jour avec elle sur le choix d'un mari, lui disait : « J'entends, tu voudrais subjuguer quelqu'un qui se crût bien le maître, en faisant toutes tes volontés... » Sophie est de la même école. Elle paraît obéir, mais en fait elle règne et gouverne, et sa souveraineté, elle ne la doit qu'aux séductions de son sexe.

Étrange livre, il faut l'avouer, que ce roman de l'éducation de Sophie. Des choses charmantes s'y mêlent à de pédantes dissertations. Des pensées délicates y avoisinent des déclamations qu'on dirait être les divagations d'un cerveau malade. Les plus hautes leçons de vertu y alternent avec des passages scabreux de galanterie vicieuse, et avec des observations plutôt légères. A l'éloge des mœurs spar-

tiates ou romaines succèdent des pages où l'on
devine que Rousseau se complaisait dans la lecture
de Brantôme autant que dans celle de la *Bible*,
— qu'il avait lue tout entière plus de six fois, pendant les insomnies de ses nuits de maladie. Il ne
faut pas demander à Rousseau la haute pureté de
sentiment qu'exige la mission d'éducateur de la
femme. Comment être touché de son enthousiasme
pour la décence, pour la modestie, pour l'honnê-
teté, quand on vient de lui entendre dire que
« Sophie n'étale point ses charmes, qu'elle les
couvre au contraire, mais qu'en les couvrant elle
sait les faire imaginer » ? Ou bien encore : « Dans
l'ajustement simple et modeste de Sophie, tout
semble n'avoir été mis à sa place que pour être ôté
pièce à pièce... » On ne sait parfois, en lisant
l'*Émile*, si l'on a affaire à un moraliste austère ou
à un homme à bonnes fortunes. Ce qui n'est pas
douteux, c'est que le souvenir trop réaliste de
Mme de Warens, ou l'idéale image de Mme Sophie
d'Houdetot, — celle qu'il aimait trop « pour vouloir la posséder », — accompagnent et dirigent
en partie la plume de Rousseau, quand il trace le
portrait de Sophie...

Mais ne concluons pas sur cette impression défa-
vorable. Si Sophie n'est point la femme forte,
sensée, éclairée, que nous désirerions qu'elle fût, si
elle est plutôt une « femmelette », plus gracieuse
que raisonnable, qui cherche à plaire avant tout, qui,
dans sa coquetterie, ne dédaigne pas de montrer
sa main blanche, son pied mignon, saluons pourtant en elle une femme agréable qui saura s'attacher son mari, une mère dévouée qui nourrira et

élèvera ses enfants, qui enfin compensera par de
rares mérites les imperfections de son éducation
incomplète. De sa vie indépendante, de sa person-
nalité propre, Rousseau ne prend point souci.
C'est la société conjugale qui, de deux êtres unis
pour la vie, peut seule faire une personne morale.
De cette personne morale, la femme n'est donc
qu'une partie, un fragment. En revanche, pour
l'homme qu'elle complète, elle sera la plus sédui-
sante des compagnes. Sophie n'est pas de « celles,
qui bannissent du mariage tout ce qui peut être
agréable aux hommes ». Elle n'est pas une dévote
ennuyeuse, asservie à ces dogmes rigoureux qui
« à force d'outrer les devoirs les rendent impra-
ticables et vains ». Rousseau prétend que de son
temps « on avait tant fait pour empêcher les femmes
d'être aimables qu'on avait rendu les maris indif-
férents ». A la femme grondeuse, maussade, il
oppose la femme souriante et gaie, qui veut plaire
et y réussit, qui rend douce et facile à son compa-
gnon de vie l'obligation de la fidélité. On peut être
tenté de se demander comment, après tout le mal
qu'il a dit des femmes, Rousseau a rencontré
parmi elles tant d'admiratrices passionnées. C'est
que, s'il ne les a pas mises à leur vrai rang, il les
a du moins flattées ; il les a encouragées dans
leur tendance à dominer par la seule force de leurs
attraits naturels. Il les a beaucoup aimées et cajolées.
Voyez avec quelle complaisance il s'oublie dans
la peinture des amours naissantes d'Émile et de
Sophie, quelles délicieuses puérilités l'occupent
dans le portrait qu'il trace de son héroïne ? Pour
la figurer accomplie, il fait appel à toutes les races

de l'humanité : Sophie a le tempérament d'une Italienne, la fierté d'une Espagnole, la sensibilité d'une Anglaise. Il ne lui manque peut-être, pour être parfaite, que le bon sens et la sérieuse simplicité d'une Française instruite et cultivée. Elle est, elle aussi, une élève de la nature : « Elle n'use d'autre parfum que de celui des fleurs.» — «Je ne la louerai jamais tant que quand elle sera simplement mise... » Il y a de sages et de belles paroles dans le fatras du cinquième livre de l'*Émile ;* celles-ci, par exemple : « Montrez à la femme dans ses devoirs la source même de ses plaisirs et le fondement de ses droits. Est-il si pénible d'aimer pour être aimée, de se rendre aimable pour être heureuse, de se rendre estimable pour être obéie, de s'honorer pour se faire honorer ?... » Bien d'autres passages expliquent, sans pourtant la justifier tout à fait, l'opinion d'un historien allemand de l'éducation, Frédéric Dittes, qui s'est risqué jusqu'à dire qu'il considérait la dernière partie de l'*Émile* comme « le meilleur livre qui ait été écrit sur l'éducation de la femme ». Et, en tout cas, Sophie, malgré les lacunes de son éducation, est déjà la femme moderne, faite non pour l'Église et le couvent, mais pour la vie de famille ; malgré ses défauts, elle possède cette qualité précieuse et nouvelle, que sa vertu est aimable.

VI

C'est surtout en Allemagne, comme nous le verrons tout à l'heure, que l'influence de Rousseau et de sa pensée pédagogique a été prépondérante. Mais l'éclat de l'*Émile* fut universel et le retentissement en dure encore. En homme qui cherchait la gloire et dont la sombre humeur s'effarouchait sur tout, Rousseau s'est plaint que l'*Émile* n'eût pas obtenu le même succès que ses autres écrits. Il était vraiment bien difficile !... Les colères des uns, les sympathies ardentes des autres ; d'une part, les arrêts du Parlement qui condamnait le livre et décrétait l'auteur de prise de corps, les foudres de l'Église et le fameux mandement de l'archevêque de Paris; d'autre part, les applaudissements des philosophes, de Clairaut, de Duclos, de d'Alembert,... que lui fallait-il donc de plus? L'*Émile* était brûlé à Paris et à Genève ; mais on le lisait avec fureur ; on le traduisait deux fois à Londres, honneur que jusqu'alors n'avait eu aucun ouvrage français. La vérité, c'est que jamais livre ne fit plus de bruit et ne s'imposa autant à l'attention des hommes. Par ses défauts, non moins que par ses qualités, par le ton inspiré, prophétique, du style, aussi bien que par l'audace paradoxale des idées, l'*Émile* a remué l'opinion et ébranlé les plus généreuses parties de l'âme humaine. Comment énumérer toutes les imitations, les contrefaçons, auxquelles a donné lieu la puissante impulsion de Rousseau, sans compter les réfutations, les contradictions et les critiques ? La fin du XVIII° siècle a vu paraître toute une lignée, toute une postérité d'Émiles : d'abord des *Anti-Émiles*, ensuite des *Émiles chrétiens*, des *Émiles corrigés*, des *Nouveaux Émiles*, des Émiles retouchés, perfectionnés, amoindris, amplifiés, même des Émiles convertis à la vie sociale. En maint endroit, on essaya de mettre en pratique l'éducation préconisée par Rousseau ; on éleva les enfants à le Jean-Jacques. La mode s'en mêla. Il y eut aussi des « robes à la Jean-Jacques », dont on disait, dans un langage singulier, qu'elles étaient « analogues aux principes de cet auteur ».

Rousseau avait déjà poussé très loin l'utopie, mais on le dépassa encore. Citons, par exemple, un livre bien curieux, qui est comme la caricature de l'*Émile*, l'*Élève de la nature*, par Gaspard de Beaurieu. Quelque sotte que fût cette utopie, elle n'eut pas moins de huit éditions, de 1763 à 1794. Pour mieux assurer l'isolement de son Émile, de Beaurieu avait imaginé de l'enfermer dans une cage de bois, jusqu'à quinze ans ; puis il le débarquait dans une île déserte... On ne saurait concevoir rien de plus extravagant. Et cependant Rousseau n'a point désavoué son fantaisiste disciple : il aimait ses paradoxes jusqu'à en excuser et en approuver l'exagération. Dans une lettre du 25 mai 1764, il écrivait : « J'ai lu l'*Élève de la nature*. On ne peut penser avec plus d'esprit, ni dire plus agréablement... » Rousseau se regardait sans confusion dans le miroir grossissant où un admirateur indiscret avait encore outré ses rêveries. Il est vrai qu'il ajoutait, non sans une pointe d'ironie : « Je conseille à M. de Beaurieu de s'attacher toujours plus aux sujets qu'on peut traiter en descriptions et en images, qu'à ceux de discussion et d'analyse... Un traité d'agriculture sera tout à fait de son genre... »

Rousseau a trouvé heureusement des imitateurs plus sérieux. On n'en finirait pas, si l'on voulait citer tous les grands hommes qui, en littérature ou en politique, lui font dans la postérité un long cortège d'admirateurs. Combien de révolutionnaires se sont nourris des maximes du *Contrat social* et ont ressenti l'influence politique de Rousseau, influence d'ailleurs « désastreuse », au dire d'Auguste Comte, qui qualifie ses doctrines d'« anarchiques »? Chateaubriand, George Sand, et bien d'autres, ne sont-ils pas la descendance de l'auteur de *la Nouvelle Héloïse* ?... Mais nous n'avons à nous occuper ici que des éducateurs, et c'est sur eux peut-être que s'est exercée le plus utilement l'action salutaire de la pensée de Rousseau.

La révolution de 1789 a duré trop peu de temps pour qu'il lui ait été possible de rien réaliser de durable en matière d'éducation. Mais l'inspiration de Rousseau est manifeste dans la plupart des projets qu'elle a improvisés, sans réussir à les mettre à exécution. Les plans chimériques de Saint-Just, de Lepelletier de Saint-Fargeau, émanent directement de l'*Émile*. En l'an III, Marie-Joseph Chénier demandait « que l'on appliquât à la

nation entière la marche suivie par Rousseau dans
l'éducation d'Émile ».

Rousseau, à vrai dire, a suscité plus d'admira-
tions théoriques que d'applications pratiques. Il
n'a jamais été question, par exemple, d'appeler à
l'existence ces *Écoles de la patrie*, rêvées par le doux
et sentimental Bernardin de Saint-Pierre, le riant
utopiste, l'idyllique réformateur, l'enthousiaste
de la nature. Du moins faut-il reconnaître qu'en
supprimant dans son projet d'éducation les punitions et les récompenses, en écartant le mobile de
l'émulation, et sur bien d'autres points encore,
Bernardin ne fait que recopier Rousseau, dont il
avait été l'ami, le confident et le consolateur.

Les femmes ont eu pour Rousseau une parti-
culière tendresse. Qui l'a plus aimé et célébré que
Mme Roland, celle qu'on a appelée « la fille de
Jean-Jacques », ou « le Jean-Jacques des femmes» ?
En 1777, elle écrivait à une de ses amies : « J'aime
Rousseau au delà de toute expression... Je porte
Rousseau dans mon cœur... » Elle l'appréciait surtout, disait-elle, pour lui avoir révélé le bonheur
domestique et les délices ineffables qu'on peut
goûter dans la vie de famille. De son côté, Mme de
Staël salue l'*Émile* comme « une œuvre admi-
rable, qui confond l'envie après l'avoir excitée »,
et elle nous apprend que, dans sa jeunesse, elle
s'était éprise de l'éducation négative. Même chez
les éducatrices qui ont le plus combattu les con-
clusions de l'*Émile*, l'influence de Rousseau est
sensible. Le principal ouvrage de Mme de Genlis,
Adèle et Théodore, rappelle souvent *Émile et Sophie* : on y retrouve les leçons indirectes, les

scènes artificielles et préparées, chères à Rousseau. Mme Necker de Saussure, quoique en opposition sur les principes avec le philosophe du
XVIII° siècle, s'inspire souvent de lui, après l'avoir
contredit. Elle voit, comme lui, dans l'enfant un
être à part, dont l'éducation a ses règles propres.
Elle reprend, après lui, l'idée d'un développement
progressif des facultés, et par suite celle de la suc-
cession des méthodes appropriées à l'âge et aux
forces de l'enfant.

On a dit de Rousseau qu'il avait introduit dans
notre littérature le génie du Nord, qu'il était un
esprit germanique ou anglais. Je ne sais si cette
vue est bien exacte. Rousseau ne savait rien de
l'Allemagne. Il n'aimait pas les Anglais. « Je n'ai
aucun penchant pour l'Angleterre... » Il a subi
surtout l'influence française, pendant ses pérégrinations à travers la France et son long séjour à
Paris; et enfin, nourri de lectures classiques, il peut
tout aussi bien être considéré comme un représentant de la sensibilité exaltée des races du Midi.
Mais ce qui est certain, c'est que cet enfant de
Genève, s'il n'est pas « germanique » dans son
génie, l'est devenu par son influence. Comme l'a
démontré le regretté Joseph Texte dans son beau
livre, *Jean-Jacques Rousseau et les origines du
cosmopolitisme littéraire*, il a rayonné à l'étranger. Il a été un cosmopolite, par le succès de ses
œuvres et par l'expansion de ses idées.

Il n'est guère d'auteur allemand qui ne lui ait
rendu un témoignage favorable, quand ce n'est pas
un hommage enthousiaste. Un pédagogue qui eut
en son temps une grande réputation, d'ailleurs peu

méritée, Basedow, ne jure que par Rousseau, dont il expérimente les théories, à sa manière avec une ardeur frénétique. Il n'a point de fils, mais il s'en console en appelant sa fille « Émilie ». Lavater se montre aussi passionné que Basedow pour réformer l'éducation dans le sens des doctrines de l'*Émile*. Mais voici des autorités plus considérables. Lessing déclare qu'il ne peut prononcer le nom de Rousseau « sans respect ». Schiller exalte « le nouveau Socrate, qui des chrétiens voulut faire des hommes ». Gœthe appelle l'*Émile* « l'Évangile des instituteurs ». Kant affirme qu'aucun livre « ne l'a aussi profondément remué ». Il l'avait lu avec une telle avidité, que, dans sa vie si ordonnée et si régulière, « le cours de ses promenades quotidiennes en fût un instant troublé ». Dans son petit *Traité de pédagogie*, il a emprunté nombre des principes de l'*Émile* : pour lui aussi, la nature est bonne ; c'est l'absence de règle qui est la cause du mal ; il est partisan de l'éducation négative et ne recommande rien plus hautement que le respect de la liberté de l'enfant. Herder, qu'on a nommé « le Rousseau allemand », s'écrie : « Viens, Rousseau, sois mon guide » ; et, dans une lettre à sa bien-aimée Caroline, il acclame l'*Émile* comme « un ouvrage divin ». Dans sa *Levana*, Jean-Paul Richter dit que, de toutes les œuvres antérieures auxquelles il se sent redevable, c'est l'*Émile* qu'il doit citer en première ligne, qu' « aucun autre livre ne peut lui être comparé dans le passé ». Mais c'est surtout Pestalozzi qui a eu l'honneur de développer, de populariser, en essayant de les appliquer, les méthodes de Rousseau, dont les ouvrages avaient de bonne heure allumé son imagination : « Le système de liberté fondé idéalement par l'auteur de l'*Émile* excita en moi une ardeur infinie. » Frœbel, enfin, qui voulait remplacer les livres par les choses, qui n'avait rien tant à cœur que de respecter la spontanéité de l'enfant, mérite de figurer dans le livre d'or des disciples de Rousseau. Et ce ne sont pas seulement les grands hommes allemands que Rousseau enflamma de sentiments nouveaux : des penseurs de moindre importance, Jacobi, Heinse, Klinger, beaucoup d'autres encore, ont participé à ce culte d'adoration unanime que l'Allemagne a professé pour l'éducateur français.

Rousseau a été un peu moins apprécié en Angleterre. Là aussi pourtant, malgré le scandale de sa ridicule rupture avec Hume, il trouva tout de suite faveur et succès. L'*Émile* fut traduit à Londres, dès son apparition; et une seconde édition devint vite nécessaire. En 1789, David Williams disait : « Rousseau est en pleine possession de l'attention publique. » Ce sont, il est vrai, les théories politiques du *Contrat social*, plus que les conceptions pédagogiques de l'*Émile*, qui occupaient l'opinion. Un peu oublié pendant un siècle, Rousseau a été remis en lumière par M. John Morley, et aussi par un historien distingué de l'éducation, Robert Hébert Quick. Ce dernier estime que « les vérités contenues dans l'*Émile* survivront aux formes fantaisistes dont l'auteur les a enveloppées ». L'*Émile* est, à ses yeux, « le livre le plus puissant (*influential*) qui ait été écrit sur l'éducation ». Et c'est aussi l'avis de M. John Morley, qui pro-

clame que l'*Émile* est « une des œuvres fécondes
(*seminal*) de l'histoire de l'éducation ». Notons
encore cet aveu de George Eliot : « Rousseau a
vivifié mon âme et éveillé en moi des facultés nouvelles... » Et enfin n'est-il pas vrai que le principe
de Rousseau, le retour à la nature, domine la pédagogie de M. Herbert Spencer, le plus brillant des
théoriciens de l'éducation dans l'Angleterre contemporaine?

C'est en Amérique, semble-t-il, que Rousseau a
rencontré le moins de sympathies ; il ne faut pas en
être autrement surpris. Comment ce rêveur, cet in-
dolent flâneur, ce représentant héroïque de la sensibilité des races latines, aurait-il le don de plaire aux
âmes viriles et rudes, aux esprits affairés et pratiques des citoyens du nouveau monde? Dans l'é-
tude qu'il lui a récemment consacrée, M. Th. Davidson avoue sa déconvenue. Après examen, les
théories les plus vantées de Rousseau l'ont
désappointé. Il n'y a pas trouvé la forte et solide
substance dont il comptait se nourrir en étudiant
l'*Émile*. Et cependant, à y regarder de près, l'éducation américaine, telle que nous la voyons se
développer pratiquement de nos jours, a plus d'un
point de ressemblance avec la pédagogie idéale
de Rousseau. Un des chefs de l'éducation américaine, le vénéré président de l'Université Harvard,
M. Eliot, résumant les progrès accomplis dans
son pays au cours du xixe siècle, signale en première ligne l'introduction dans les programmes
scolaires de deux choses essentielles : l'étude de la
nature et le travail manuel. L'enfant américain
n'est plus un fantôme logique, bourré de mots et

d'abstractions : il est une créature vivante qui travaille de ses mains, comme de son esprit... Mais tout cela, n'est-ce point du Rousseau ? De même M. Eliot fait remarquer qu'une grande rénovation s'est accomplie dans la discipline. En religion, on a substitué l'amour à la crainte ; en politique, on a commencé à comprendre que le gouvernement des nations ne devait plus être ce qu'il a été pendant des milliers d'années, l'œuvre d'une volonté arbitraire et absolue ; qu'il fallait mettre à la place le gouvernement libre du peuple par le peuple ; et par suite on en est venu à penser que la conception moderne et plus exacte d'un bon gouvernement pour les citoyens d'une nation avait quelque chose à nous apprendre en ce qui concerne un bon gouvernement pour les enfants, qui doivent être affranchis, eux aussi, dans la mesure du possible, du joug des vieilles tutelles, et exercés à se gouverner eux-mêmes... Mais ceci encore, n'est-ce point du Rousseau ?

Sans que nous nous en doutions, l'esprit pédagogique de Rousseau s'est glissé et infiltré dans les exercices d'enseignement, et les pratiques d'éducation, que notre temps s'efforce de plus en plus de mettre en honneur. Entrez dans une de nos écoles maternelles : on y donne des leçons de choses ; on y montre les objets aux enfants ; on y pratique la méthode de l'observation et de l'intuition directe. Saluez : c'est Rousseau qui est l'inspirateur de ces méthodes... Visitez un de ces collèges anglais que M. Demolins essaie d'imiter et de vulgariser en France : vous y trouverez des maîtres, à la fois surveillants et professeurs, qui ne quittent jamais leurs élèves, qui, comme eux, vivent dans le collège du matin au soir ; comment ne pas reconnaître en eux les descendants réels du précepteur imaginaire auquel Rousseau a confié la garde d'Émile?... Pénétrez dans une de ces écoles américaines où l'on condamne l'abus des livres et des manuels, où à l'esclavage mental d'une instruction mécanique on a substitué des méthodes d'affranchissement intellectuel, afin que l'enfant acquière le plus possible par lui-même, par son effort personnel, ce qu'il a besoin de savoir : et là encore vous serez obligé de reconnaître la main de Rousseau... Partout où la discipline est devenue plus libérale, où règnent les méthodes actives, où l'enfant est constamment tenu en haleine, sa curiosité excitée, son attention soutenue, en même temps que sa dignité respectée, on peut dire que Rousseau est passé...

Les utopies tombent, et les vérités restent. L'esprit survit à la lettre. De la pédagogie de Rousseau il n'est point question d'extraire un système défini et définitif de méthodes et de procédés. Non, mais ce qui vaut mieux peut-être, il a transmis à ses successeurs, il communique encore à tous ceux qui le lisent une parcelle au moins de la flamme qui l'animait lui-même. Comme le disait Mᵐᵉ de Staël, il n'a peut-être rien découvert, mais il a tout enflammé. Son éloquence a été l'appel le plus puissant qui ait jamais été adressé aux parents et aux maîtres pour les engager à prendre au sérieux leur tâche d'éducateurs. Avec lui l'éducation devient une mission sainte, un ministère sublime. Dans les questions d'enseignement il a fait circuler un esprit de vie, un mouvement de passion, que n'avaient jamais connus les pédagogues secs et froids qui les avaient traitées avant lui. Le rôle de l'éducateur est désormais relevé et ennobli ; et, par le feu de son enthousiasme, Rousseau a imprimé à la science et à l'art d'élever les hommes la majesté et la solennité d'une sorte de révélation religieuse.

Et de même que, dans les œuvres de Rousseau, le temps, éliminant les erreurs, maintient et développe les semences de vie qu'il a répandues avec profusion dans le champ de l'éducation, de même dans l'homme, dans son caractère et dans ses actes, l'éloignement et le recul des âges nous dissimulent les défauts et les fautes, qui peu à peu rentrent dans l'ombre, pour ne nous laisser voir que les qualités et les vertus.

Si Rousseau est demeuré un grand séducteur des intelligences humaines, ce n'est pas uniquement à cause de la puissance de son génie novateur. Ce n'est pas non plus par le seul effet de son style, de ce style parfois un peu lourd, mais d'où à chaque instant jaillit l'éclair, et qui lui a mérité d'être appelé le « roi des prosateurs ». C'est parce que, derrière l'écrivain et le penseur, nous sentons palpiter le cœur le plus sincère qui ait jamais battu dans une poitrine d'homme. Il fallait que l'inimitié de Voltaire fût bien forte pour qu'il ait poussé l'aveuglement jusqu'à écrire : « Rousseau a beau jouer tantôt le stoïcien, tantôt le cynique : il se démentira sans cesse. Cet homme-là est factice de la tête aux pieds. » C'est le contraire qui est le vrai. Le grand charme de Rousseau, le secret de l'irré-

sistible sympathie qu'il inspire, c'est précisément
qu'il se livre tout entier, qu'il se montre à nu,
pour ainsi dire. Ame plus sensible que réfléchie,
esprit plus esthétique que philosophique, il n'a
point connu cette possession de soi, cette maî-
trise d'une raison solide et froide, qui permet à un
penseur de dominer le bouillonnement des sentiments, la confusion des images, pour construire et
organiser un système de raisonnements suivis et
qui se tiennent. De là les indécisions, les contradictions de sa pensée. D'autre part, rêveur conduit
par ses sens, il ne savait pas résister aux impulsions de l'instinct. De là les défaillances de sa vie
morale, défaillances que nous ne connaissons,
d'ailleurs, que parce qu'il les a avouées. Beaucoup
d'hommes de génie ont eu, sans doute, les mêmes
passions, les mêmes faiblesses que lui : mais ils
les ont tenues cachées autant qu'ils l'ont pu ; lui,
il les a étalées dans la franchise effrontée de ses
Confessions.

La philosophie morale de Rousseau n'a rien de
fixe, ni de précis. On n'y trouve pas de règles de
conduite assez fortement établies pour qu'elles
puissent suffire à élever les hommes Il y a du stoïcien en lui, mais l'épicurien l'emporte. « L'homme
qui a le plus vécu, dit-il, n'est pas celui qui a le plus
longuement vécu, mais le plus senti la vie ». Jouir
de la vie, voilà le but proposé à Émile. Il est vrai
que Rousseau écrit tout aussitôt : « Ajouterai-je
que son but est aussi de faire du bien, quand il le
peut ? Non, car cela même est jouir de la vie... »
L'accomplissement du devoir est présenté, non
comme une loi et une obligation, mais comme une

source de plaisir. Le stoïcien réapparaît, quand Rousseau recommande la limitation des désirs, quand il dit que l'homme essentiellement bon est celui qui a le moins de besoins, qui se suffit à lui-même. Sur ce point, Rousseau a généralement conformé ses actions à ses maximes. Il a eu des heures d'intempérance. Il lui est arrivé, dans sa jeunesse, de dérober dans les caves de M. de Mably des bouteilles d'un petit vin blanc qu'il aimait, et l'on pourrait citer bien d'autres peccadilles. Mais, dans l'ensemble de sa vie, il a été sobre, simple dans ses goûts, ennemi du luxe, tempérant et même austère.

Ce qui lui a manqué, plus que les hautes et nobles inspirations, c'est l'énergie nécessaire pour s'y tenir. Les sens et l'imagination ont gouverné son existence. Pouvait-il en être autrement avec l'éducation qu'il avait reçue? Tout enfant, son père lisait avec lui des romans jusqu'au matin; et c'est seulement quand il entendait chanter les hirondelles qu'il lui disait : « Allons nous coucher, Jean-Jacques !... » Ami de la vertu plus que vertueux, plus agité qu'actif, esclave de ses sensations alors qu'il aurait voulu être l'apôtre de la liberté, ballotté par les caprices de sa fantaisie, alors qu'il prétendait établir parmi les hommes le règne de la raison souveraine, capable d'être à ses heures un héros de courage et de désintéressement, pour s'abaisser ensuite à des actes indignes et même criminels, sentimental et idéaliste, et pourtant laissant souvent entendre dans ses hymnes les plus poétiques à la beauté et à l'amour je ne sais quel écho grossier de sensualité érotique, il a mêlé dans le torrent

de sa vie des eaux bourbeuses aux flots les plus
purs. Grisé par moments de pensées sublimes, il
s'est pourtant dérobé aux devoirs les plus stricts et
les plus doux; et il ne s'est pas absous de ses
fautes par un enthousiasme trop platonique pour
le bien. Il a vécu trop souvent en égoïste, cherchant
la solitude qui flattait sa rêverie, fuyant les hommes
qui gênaient son orgueil. Il a été imbu de son sens
propre jusqu'à rompre volontiers avec le sens
commun, et tellement enivré de lui-même qu'il se
considérait comme un être exceptionnel, d'une race
à part : « Pourquoi la Providence m'a-t-elle fait
naître parmi les hommes, m'ayant fait d'une autre
espèce qu'eux?.. »

Et pourtant ce misanthrope un peu sauvage a
contribué à faire aimer davantage la vie, en y
introduisant plus de liberté, plus de joie, plus de
croyance; en éveillant, en fortifiant, selon le mot
de Mᵐᵉ Roland, « toutes les affections qui attachent
à l'existence » : le dévouement à l'humanité, l'enthousiasme pour l'idéal, l'amitié et l'amour. Il a
été généreux, secourable. Il a rêvé le bonheur de
l'homme : « Fais ton paradis sur terre, en atten-
dant l'autre. » Il a travaillé pour une société nouvelle, rajeunie, débarrassée des préjugés du passé :
« Malheur à toi, fleuve de la coutume! » Il a, dans
un siècle de courtisans, courageusement sauvegardé
les droits de sa libre parole, et, sous un régime
d'oppression, maintenu son indépendance en sacri-
fiant son bonheur. Il a été un citoyen. Fils de Genève,
il a puisé dans les traditions de sa première patrie
l'amour de la liberté, la fierté républicaine : « Avec
le lait chez nous, on suce ces maximes. » Dans une

société de sceptiques, de roués, il a été un naïf, un croyant. Les critiques littéraires ont fait un mérite à Rousseau d'avoir été l'introducteur en France de la mélancolie rêveuse des pays du Nord. Oui, mais cette mélancolie ne se montre point dans l'*Émile*, qui est, au contraire, un livre d'optimisme, de confiance joyeuse dans l'avenir. Les esprits vraiment vivants et féconds sont ceux qui regardent, non le passé, mais les âges futurs : Rousseau est de ceux-là. Dans son souverain dédain de la tradition vieillie, il a préparé la jeunesse des temps nouveaux. Avec Voltaire, disait Gœthe, c'est un monde qui finit : avec Rousseau, c'est un monde qui commence. Le XVIIIe siècle, avec Rousseau surtout, est le rappel à la nature éternelle, le commencement d'une marche en avant, une anticipation hardie de l'avenir.

Que l'on critique Rousseau, que l'on blâme ses erreurs, je le veux bien : mais qu'on ne nous défende pas de l'admirer. Il ne cessera pas d'être lu, d'être suivi, obéi, dans quelques-unes au moins de ses prescriptions. Il sera toujours un ferment de vie et de régénération morale. Il peut fièrement dire au critique : « Frappe, mais écoute. » Surtout il sera éternellement aimé. Je sais bien que Mme du Deffand, qui lui reprochait de vouloir tout replonger dans le chaos, l'appelait « un sophiste antipathique ». Mais ce n'est là qu'une exception, une voix perdue dans le concert de louanges qui de toutes parts s'élève en son honneur. Les femmes de tout temps ont raffolé de Rousseau. Mais les hommes ne lui ont pas marchandé non plus le tribut de leur dévotion. « J'aime l'*Émile* », disait Saint-Marc

Girardin, et il en déduisait doctement les raisons. Il n'est pas le seul à parler ainsi. « Il nous sera toujours impossible de ne pas aimer Jean-Jacques Rousseau », déclarait, il y a cinquante ans, Sainte-Beuve. Et récemment, la même déclaration, comme un refrain, revenait sous la plume de M. Jules Lemaître : « Il m'est impossible de ne pas d'aimer : je sens qu'il fut bon. » Aimons-le, parce qu'il a été bon en effet, parce que, grâce à lui, un souffle d'humanité, de bonté, a pénétré et attendri les cœurs, parce qu'il a lui-même aimé la vérité, parce qu'il s'est passionné pour la justice, dont la violation lui inspirait dès son enfance des rages de colère. Aimons-le, et plaignons-le aussi, parce qu'il a souffert. Laissons aux esprits curieux et chercheurs le soin de décider quelle a été la cause de ses souffrances, la maladie mentale, l'espèce de folie dont il aurait été atteint. Nous ne voulons pas savoir s'il a été neurasthénique, hystérique, ou simplement hypocondriaque. Ce qui est certain, et ce qui nous suffit, c'est qu'il a eu du cœur et, par-dessus le marché, du génie.

FIN

BIBLIOGRAPHIE

Dans les œuvres mêmes de Rousseau, outre l'*Émile*, il faut lire :

Projet pour l'éducation de M. de Sainte-Marie (1740).
La Nouvelle Héloïse, cinquième partie, Lettre III (1761).
Émile et Sophie ou les Solitaires (1778).
Lettre à Christophe de Beaumont, archevêque de Paris (1763).
Considérations sur le gouvernement de Pologne et sur la réforme projetée en 1772 (1772).
Dans la *Correspondance*, les Lettres au prince de Wirtemberg (1763), et *passim*.

Parmi les très nombreuses publications auxquelles a donné lieu l'examen de l'*Émile* et des idées de Rousseau, nous ne citerons que les plus importantes et les plus récentes :

F. BROCKERDOFF, *J.-J. Rousseau, sein Leben und seine Werke*, 3 vol. Leipzig, 1863.

H. BEAUDOUIN, *La vie et les œuvres de J.-J. Rousseau*, 2 vol. Paris, 1871.

SAINT-MARC GIRARDIN, *J.-J. Rousseau, sa vie et ses ouvrages*, 2 vol. Paris, 1875.

J.-J. Rousseau jugé par les Genevois d'aujourd'hui, conférences faites à Genève, lors du centenaire du 2 juillet 1878, Genève, 1879. Voir surtout : *Les idées de Rousseau sur l'éducation*, par ANDRÉ OLTRAMARE, et *Caractéristique générale de Rousseau*, par H. FRÉDÉRIC AMIEL.

JOHN MORLEY, *Rousseau*, 2 vol. Londres, 1888 (première édition, 1873).

E. RITTER, *La famille et la jeunesse de J.-J. Rousseau*, Paris, 1896.

STRECKEISEN-MOULTOU, *J.-J. Rousseau, ses amis et ses ennemis*, 2 vol. Paris, 1865.

A. CHUQUET, *J.-J. Rousseau*, dans la collection des *Grands écrivains français*, Paris, 1893.

DAVIDSON, *Rousseau and education according to nature*, dans la collection *The great Educators*, New-York et Londres, 1898.

J. TEXTE, *J.-J. Rousseau et les origines du cosmopolitisme littéraire*, Paris, 1895.

A. ESPINAS, *Le système de J.-J. Rousseau*, dans la *Revue internationale de l'enseignement*, t. XXX et XXXI, 1895 et 1896.

— Voir aussi : MUSSET-PATHAY, *Histoire de la vie et des ouvrages de J.-J. Rousseau* (1821); ROBERT HÉBERT QUICK, *Essays on educational reformers*, Londres, 1868; *Rousseau's Émile*, abridged and annotated par WILLIAM H. PAYNE, New-York, 1893; HANUS, *Rousseau and education according to nature*, New-York, 1897; M. GRÉARD, *L'éducation des femmes par les femmes*; — et enfin les articles ou chapitres consacrés à Rousseau par M. BRUNETIÈRE, *Études critiques sur la littérature française*, 3e et 4e séries; — par M. FAGUET, *XVIIIe siècle : Études littéraires*, 1890; — par TAINE, *Les origines de la France contemporaine : l'Ancien régime*, 1882; — par MELCHIOR DE VOGÜÉ, *Histoire et Poésie*, 1898; — par M. E. LINTILHAC, *Littérature française*, etc.

Les Philosophes

Chaque volume in-18 raisin, broché . . . 3 50

VIENNENT DE PARAÎTRE :

www.ingramcontent.com/pod-product-compliance
Lightning Source LLC
Chambersburg PA
CBHW060631100426
42744CB00008B/1585